高职高专汽车类专业技能型教育系列教材

汽车舒适与安全系统诊断与修复

黄 鹏 编著

机械工业出版社

本书从学习情境入手，针对电动车窗不能升降、电动后视镜不能调整、电动座椅无法移动、中控门锁和防盗功能异常、安全气囊警告灯常亮、巡航系统功能失效、导航无法打开和空调制冷效果不好故障进行了详细介绍。通过典型案例引入，使读者能尽快进入汽车安全与舒适系统故障检修的学习情境，然后在此基础上，分析了现代汽车不同车型汽车安全与舒适系统典型控制电路的检测与维修。

图书在版编目（CIP）数据

汽车舒适与安全系统诊断与修复/黄鹏编著．—北京：机械工业出版社，2018.5（2024.1重印）

高职高专汽车类专业技能型教育系列教材

ISBN 978-7-111-59586-1

Ⅰ.①汽… Ⅱ.①黄… Ⅲ.①汽车—安全装置—故障诊断—高等职业教育—教材②汽车—安全装置—车辆修理—高等职业教育—教材 Ⅳ.①U472.41

中国版本图书馆 CIP 数据核字（2018）第 063038 号

机械工业出版社（北京市百万庄大街22号　邮政编码100037）
策划编辑：赵海青　责任编辑：赵海青
责任校对：刘秀芝　封面设计：马精明
责任印制：邓　博
北京盛通数码印刷有限公司印刷
2024年1月第1版第2次印刷
184mm×260mm·13印张·318千字
标准书号：ISBN 978-7-111-59586-1
定价：39.00元

电话服务　　　　　　　网络服务
客服电话：010-88361066　　机 工 官 网：www.cmpbook.com
　　　　　010-88379833　　机 工 官 博：weibo.com/cmp1952
　　　　　010-68326294　　金 书 网：www.golden-book.com
封底无防伪标均为盗版　　机工教育服务网：www.cmpedu.com

前言 PREFACE

  为了适应汽车安全与舒适系统新技术的发展，更好地把现代汽车网络技术与汽车安全与舒适系统整合起来，结合本专业的教学工作，在职业任务驱动模式下，模拟工作情境、提出工作任务，以任务驱动，按照汽车维修实际工作任务编写该教材。本书从学习情境入手，针对电动车窗不能升降、电动后视镜不能调整、电动座椅无法移动、中控门锁和防盗功能异常、安全气囊警告灯常亮、巡航系统功能失效、导航无法打开和空调制冷效果不好故障进行了详细介绍。通过典型案例引入，使读者能尽快进入汽车安全与舒适系统学习情境，然后在此基础上，分析了现代汽车不同车型汽车安全与舒适系统典型控制电路的检测与维修。

  本书以汽车电路、汽车安全与舒适系统、车身电控与专业实际相结合为出发点，同时结合汽车运用与维修、汽车电子技术等专业的特点，为汽车网络技术的学习打下一定的基础，教学内容体现工作过程的完整性和认知规律，尽量缩短教学与生产实际的距离，对从事汽车安全与舒适系统装置的检测与维修工作起到很好的帮助作用。

  本书由湖南交通职业技术学院黄鹏编著。

  由于编者水平有限，书中难免有不足和疏漏之处，恳请广大读者批评指正。

编 者
2017.10

目录 CONTENTS

前言
学习情境一　电动车窗不能升降 ………… 1
　　工作任务一　汽车电动车窗的认知 ……… 1
　　　　一、电动车窗的结构 ……………… 1
　　　　二、电动车窗升降器电动机总成的拆卸
　　　　　　与安装 …………………… 3
　　工作任务二　汽车电动车窗的检修 ……… 6
　　　　一、电动车窗电路控制原理 ……… 6
　　　　二、电动车窗的检测 ……………… 12
　　　　三、电动车窗的故障诊断 ………… 18
　　小结 ……………………………………… 20
　　习题 ……………………………………… 20
　　考核工单 ………………………………… 21
学习情境二　电动后视镜不能调整 ………… 22
　　工作任务一　汽车电动后视镜的认知 …… 22
　　　　一、电动后视镜的结构 …………… 22
　　　　二、左侧外后视镜总成的拆卸 …… 22
　　工作任务二　汽车电动后视镜的检修 …… 24
　　　　一、电动后视镜电路控制原理 …… 24
　　　　二、电动后视镜的检测 …………… 28
　　　　三、电动后视镜的故障诊断 ……… 30
　　小结 ……………………………………… 32
　　习题 ……………………………………… 32
　　考核工单 ………………………………… 32
学习情境三　电动座椅无法移动 …………… 34
　　工作任务一　汽车电动座椅的认知 ……… 34
　　　　一、电动座椅的结构 ……………… 34
　　　　二、电动座椅的拆装 ……………… 36
　　工作任务二　汽车电动座椅的检修 ……… 41
　　　　一、电动座椅电路的控制原理 …… 41
　　　　二、电动座椅的检测 ……………… 45
　　　　三、电动座椅的故障诊断 ………… 46
　　小结 ……………………………………… 49
　　习题 ……………………………………… 49
　　考核工单 ………………………………… 50
学习情境四　中控门锁和防盗功能
　　异常 ……………………………………… 51
　　工作任务一　汽车中控门锁的认知与
　　　　　　　　检测 ……………………… 51
　　　　一、中控门锁的结构 ……………… 51
　　　　二、电动门锁电路的控制原理 …… 56
　　　　三、中控门锁的故障诊断 ………… 61
　　工作任务二　汽车防盗系统的认知与检测 … 69
　　　　一、汽车防盗系统的类型 ………… 69
　　　　二、汽车防盗系统电路的控制原理 … 78
　　　　三、汽车防盗系统的检测 ………… 80
　　小结 ……………………………………… 93
　　习题 ……………………………………… 94
　　考核工单 ………………………………… 94
学习情境五　安全气囊警告灯常亮 ………… 96
　　工作任务一　汽车安全气囊系统的认知 … 96
　　　　一、安全气囊系统的分类与位置 … 96
　　　　二、安全气囊系统的组成与工作原理 … 98
　　　　三、安全气囊总成的更换 ………… 106
　　工作任务二　汽车电子控制被动安全系统
　　　　　　　　的检修 …………………… 110
　　　　一、安全气囊控制电路控制原理 … 110
　　　　二、安全气囊系统故障诊断 ……… 111
　　小结 ……………………………………… 116
　　习题 ……………………………………… 116
　　考核工单 ………………………………… 117
学习情境六　巡航系统功能失效 …………… 118
　　工作任务一　汽车定速巡航系统的检修 … 118
　　　　一、汽车巡航系统的功能与优点 … 118
　　　　二、汽车巡航系统的组成与位置 … 119
　　　　三、汽车巡航系统的工作原理 …… 121
　　　　四、巡航系统的检测 ……………… 122
　　工作任务二　汽车自适应巡航系统的
　　　　　　　　检修 ……………………… 125
　　　　一、汽车自适应巡航系统的功能与工作
　　　　　　原理 ……………………………… 125
　　　　二、汽车自适应巡航系统的系统说明 … 129

　　三、汽车自适应巡航系统的检测………… 134
　小结 ……………………………………… 136
　习题 ……………………………………… 136
　考核工单 ………………………………… 137

学习情境七　导航无法打开 ……………… 139
　工作任务一　汽车音响系统检修 ………… 139
　　一、汽车音响的特点与构成 …………… 139
　　二、汽车音响的工作原理 ……………… 142
　　三、汽车VCD/DVD播放机 …………… 146
　　四、汽车激光视听装置的检修 ………… 148
　工作任务二　汽车导航系统的检修 ……… 154
　　一、汽车导航系统的功能与工作原理 … 154
　　二、汽车导航系统的位置 ……………… 158
　　三、汽车导航系统故障诊断 …………… 159
　小结 ……………………………………… 167
　习题 ……………………………………… 167
　考核工单 ………………………………… 168

学习情境八　空调制冷效果不好 ………… 169
　工作任务一　制冷系统的维护 …………… 169
　　一、汽车空调系统的功能和特点 ……… 169
　　二、汽车空调系统的组成和工作原理 … 170
　　三、汽车空调制冷剂和冷冻油 ………… 179
　　四、汽车空调控制部件 ………………… 181
　　五、制冷系统的维护 …………………… 183
　工作任务二　自动空调的维护 …………… 187
　　一、自动空调控制系统的组成与部件 … 187
　　二、自动空调控制系统控制电路的
　　　　原理 …………………………………… 190
　　三、汽车空调系统的故障诊断 ………… 195
　小结 ……………………………………… 200
　习题 ……………………………………… 200
　考核工单 ………………………………… 201

参考文献 …………………………………… 202

学习情境一
电动车窗不能升降

学习目标：

1. 知识目标

（1）了解电动车窗的作用与构造

（2）掌握电动车窗的工作原理

2. 能力目标

（1）能够操作和维护电动车窗

（2）会识读电动车窗的电路图

（3）能够诊断电动车窗的故障并进行维修

职业情境描述

客户反映：左前侧车窗不能升降，要求给予维修。

根据客户描述的左前侧车窗不能升降的故障现象初步判断，可能是电动车窗供电系统或电动车窗系统部件的故障。客户同时还描述了其他车窗工作正常，这表明故障更可能发生在电动车窗系统部件中。经检测，电动车窗升降器电动机总成损坏，需要更换新的电动车窗升降器电动机总成。

工作任务一　汽车电动车窗的认知

一、电动车窗的结构

电动车窗又称电动门窗，它可以使驾驶人或乘客在座位上控制车窗玻璃自动上升或下降。

电动车窗控制系统主要由车窗、直流电动机、车窗玻璃升降器、调节器控制开关（主控开关、分控开关）、继电器、断路器等装置组成。

电动车窗的结构如图1-1所示。

1. 直流电动机

直流电动机有永磁式和双绕组式两种。每个车窗都装有一套升降机构，通过开关控制它的电流或磁场方向，使车窗玻璃上升或下降。

2. 车窗玻璃升降器

车窗玻璃升降器常见的有钢丝滚筒式和齿扇式两种。

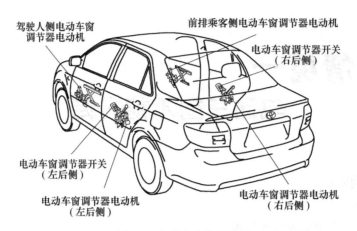

图 1-1 电动车窗的结构

钢丝滚筒式玻璃升降器（图 1-2）的双向直流电动机前端安装有减速机构，其上安装一个绕有钢丝的滚筒，玻璃卡座固定在钢丝上且可在滑动支架上移动。

齿扇式玻璃升降器（如图 1-3）的双向直流电动机带动蜗轮蜗杆减速改变方向后，驱动齿扇，从而使玻璃上下移动。齿扇上装有螺旋弹簧，当门窗下降时螺旋弹簧收缩，将一部分能量转化为弹性势能；当门窗上升时，螺旋弹簧伸展，释放出储存的弹性势能，达到直流电动机双向负荷平衡的目的。

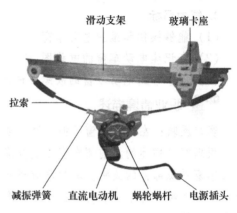

图 1-2 钢丝滚筒式玻璃升降器

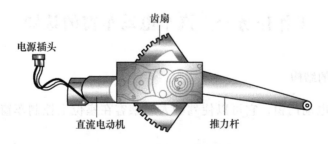

图 1-3 齿扇式玻璃升降器

3. 控制开关

所有电动车窗都有两套控制开关：一套为主控开关，安装在驾驶人侧车门扶手上或仪表板上，由驾驶人控制玻璃升降。另一套为分控开关，安装在乘客侧车窗中部，可由乘客操纵。主控开关上还安装有控制分开关的总开关，如果断开它，分开关就不起作用。若装备带有延迟开关的电动车窗系统，可在点火开关关断后约 10min 内，或在车门打开以前，仍提供电源，使驾驶人和乘客有时间关闭车窗。丰田威驰轿车车窗控制开关如图 1-4 所示。

4. 断路器

为了防止电动机过载,在电路或电动机内装有一个或多个双金属片式热敏断路器,用以控制电动机中的电流。若车窗玻璃因某种原因卡住(如密封条老化),即使操纵开关没有断开,双金属片式热敏断路器也会因电流过大自动断路,从而保护电动机不被烧毁。

二、电动车窗升降器电动机总成的拆卸与安装

1. 电动车窗升降器电动机总成的拆卸

1)从蓄电池负极端子断开电缆。

注意:断开蓄电池电缆后,重新连接时,某些系统需要初始化。

2)拆下车门拉手,如图 1-5 所示。拆下螺钉和拉手。

图 1-4 丰田威驰轿车车窗控制开关

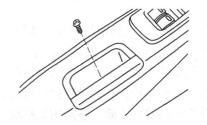

图 1-5 车门拉手的拆卸

3)拆下电动车窗调节器开关总成,如图 1-6 所示。

①用螺钉旋具,松开钩子和夹子,从装饰板上拆下调节器开关。

提示:在使用前将螺钉旋具头用胶带缠住。

②断开开关接头。

③从主开关上拆下 3 个螺钉和装饰面板。

4)拆下左侧前门三角门框支架饰条,如图 1-7 所示。

用螺钉旋具,松开 2 个钩子和夹子,拆下三角门框支架饰条。

提示:在使用前将螺钉旋具头用胶带缠住。

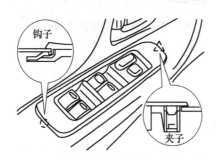

图 1-6 电动车窗调节器开关总成的拆卸

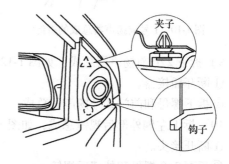

图 1-7 三角门框支架饰条的拆卸

5) 拆下左前门装饰板，如图1-8所示。

①拆下螺钉和2个夹子。

②用螺钉旋具，松开7个夹子，然后向上托取装饰板拆下。

提示：在使用前将螺钉旋具头用胶带缠住。

6) 拆下左前门内把手，如图1-9所示。

松开2个钩子，拆下内把手，然后从内把手上断开两根拉线。

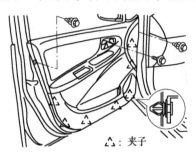

图1-8　左前门装饰板的拆卸

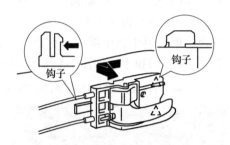

图1-9　左前门内把手的拆卸

7) 拆下1号前扬声器总成，如图1-10所示。

①用直径小于4mm的钻头，钻去3个铆钉头，拆下扬声器。

②用钻枪垂直钻铆钉，去除铆钉凸缘。

注意：用钻枪扩孔会导致损坏铆钉孔或弄断钻头，小心处置切断的铆钉，因为它很烫。

③即使凸缘已去除，还需用钻枪继续钻，钻出残留的碎片。

④用吸尘器，从车门内部吸出已钻下的铆钉和粉末。

8) 拆下左前门维护孔盖，如图1-11所示。

注意：拆下门上的定位带。

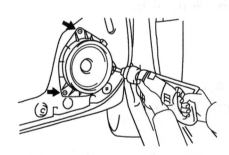

图1-10　1号前扬声器总成的拆卸

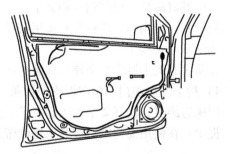

图1-11　左前门维护孔盖的拆卸

9) 拆下2号前扬声器总成，如图1-12所示。

①断开插接器。

②拆下螺母和前门2号扬声器总成。

10) 拆下左侧外部后视镜总成，如图1-13所示。

①断开接头。

②拆下3个螺母和外部后视镜。

注意：拆下螺母后，外部后视镜可能会掉下来而损坏。

学习情境一 电动车窗不能升降

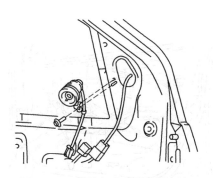

图1-12 2号前扬声器总成的拆卸

图1-13 左侧外部后视镜总成的拆卸

11）拆下左前门外侧玻璃密封条，如图1-14所示。
①在防水压条总成下贴保护胶带。
②用饰条拆卸器或刮刀，拆下密封条总成。
提示：使用刮刀前，缠上胶带。

12）拆下左前玻璃。
提示：将抹布塞入车门板内以防划伤玻璃。
①打开车门玻璃直至螺栓在维修孔中露出。
②拆下固定车门玻璃的2个螺栓，如图1-15所示。

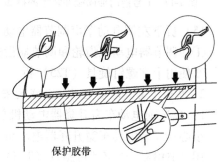

图1-14 左前门外侧玻璃密封条的拆卸

③如图1-16所示，拆下车门玻璃。
注意：不要损坏车门玻璃，拆下螺栓时，车门玻璃可能会掉下来而损坏。
④拆下车门玻璃导槽。

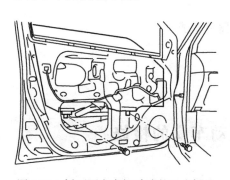

图1-15 拆下固定车门玻璃的2个螺栓

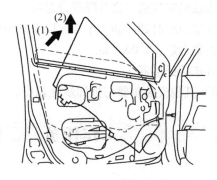

图1-16 拆下车门玻璃

13）拆下1号前门加固缓冲装置，如图1-17所示。
拆下2个螺栓、2个衬套和1号前门加固缓冲装置。

14）拆下左前门车窗调节器，如图1-18所示。
①断开车窗调节器接头。
②拆下6个螺栓和车窗调节器。
注意：拆下螺栓时，前门车窗调节器可能会跌落而导致损坏。

提示：通过维修孔拆下车窗调节器。

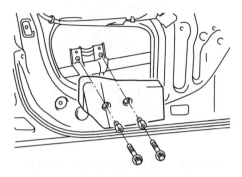

图1-17　1号前门加固缓冲装置的拆卸

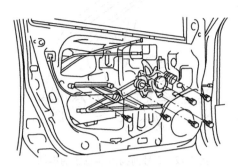

图1-18　左前门车窗调节器的拆卸

15）拆下左侧电动车窗调节器电动机总成。
①在调节器电动机齿轮和调节器齿轮上做记号。
②使用十字螺钉旋具（T25）拆下3个螺钉和电动机。

2. 电动车窗升降器电动机总成的安装
1）安装前电动车窗升降器电动机总成。
小心：安装电动车窗升降器电动机时，升降器臂必须低于中间位置。
用"TORX"十字螺钉旋具（T25）和3个螺钉安装前电动车窗升降器电动机总成。
拧紧力矩：5.4N·m。
提示：当自攻螺钉插入时，新的前门窗升降器使用自攻螺钉钻出新的安装孔。
2）安装前门窗升降器分总成。
①将通用润滑脂涂抹在前门窗升降器分总成的滑动部分上。
②将临时螺栓安装到前门窗升降器分总成上。
③临时安装前门窗升降器分总成。
④紧固临时螺栓和5个螺栓以安装前门窗升降器分总成。
拧紧力矩：8.0N·m。
⑤连接插接器。
3）其他安装步骤与拆卸步骤相反。

工作任务二　汽车电动车窗的检修

一、电动车窗电路控制原理

1. 电动车窗的控制电路及工作原理
（1）普通型电动车窗的工作原理
典型的四车门电动车窗控制电路如图1-19所示，现以右前车窗的操作为例说明其原理。
一般电动车窗的主控开关和分控开关在常态下均是将车窗电动机的两个接脚与搭铁相接通，只有在操纵开关时，开关才将车窗电动机的一个接脚与蓄电池正极接通，车窗电动机的另一个接脚依然保持与搭铁接通，电动机开始运转。

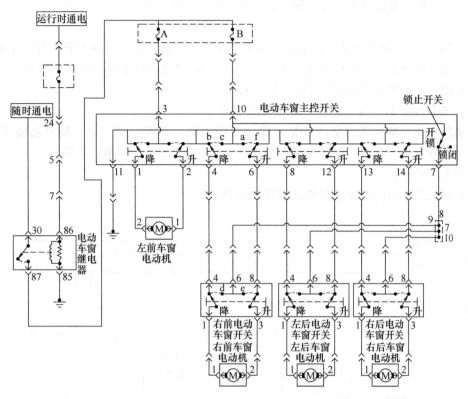

图1-19 普通型电动车窗的电路图

1)主控开关驱动右前车窗玻璃下降。打开点火开关,电动车窗继电器工作,触点吸合。操纵电动车窗主控开关降落右前电动车窗,按下主控开关中的右前车窗开关,使主控开关触点与 c 点接通,电流走向如下:

随时通电→电动车窗继电器→熔丝 B→电动车窗主控开关接脚10→主控开关中右前车窗开关触点 c→电动车窗主控开关接脚4→右前电动车窗开关接脚4→右前电动车窗开关接脚1→右前车窗电动机接脚1→电动机→右前车窗电动机接脚2→右前电动车窗开关接脚3→右前车窗开关接脚8→电动车窗主控开关接脚6→主控开关中右前车窗开关触点 f→电动车窗主控开关接脚11→搭铁。

右前车窗电动机运转,带动右前车窗玻璃下降,直至松开开关为止,电动机才停止运转。

2)分开关驱动右前车窗玻璃下降。打开点火开关,电动车窗继电器工作,触点吸合。操纵右前电动车窗分开关降落右前电动车窗,按下右前电动车窗分开关,使右前电动车窗开关触点与 d 点接通,电流走向如下:

随时通电→熔丝 B→电动车窗主控开关接脚10→主控开关内的锁止开关→电动车窗主控开关接脚7→右前电动车窗开关接脚6→开关内触点 d→右前电动车窗开关接脚1→右前车窗电动机接脚1→电动机→右前车窗电动机接脚2→右前电动车窗开关接脚3→右前车窗开关接脚8→电动车窗主控开关接脚6→主控开关中右前车窗开关触点 f→电动车窗主控开关接脚11→搭铁。

这时，右前车窗电动机运转，带动右前车窗玻璃下降，直至松开开关为止，电动机才停止运转。

3）锁止开关。锁止开关位于电动车窗主控开关内，此开关可以断开分控开关上的电源线路。驾驶人操纵此开关便可以使三个分开关对右前、左后和右后的车窗控制失效，而主控开关对右前、左后和右后的车窗控制却依然有效。

（2）带自动控制功能的电动车窗的工作原理

所谓的自动控制功能，实质就是左前（驾驶人侧）车窗可以一键控制升起或者降落，也就是主控开关中的左前车窗开关只要按一下，车窗就能够完全升起或者降落，而不需要一直按着开关不放松。

带自动控制功能的电动车窗电路如图1-20所示。

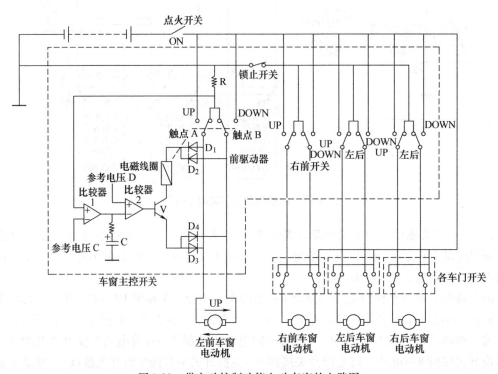

图1-20 带自动控制功能电动车窗的电路图

带自动控制功能的车窗主控开关内的左前开关在常态下，也是将左前车窗电动机的两个接脚均通过电阻R与搭铁接通。只有在操纵开关时，开关才将车窗电动机的一个接脚与蓄电池正极接通，车窗电动机的另一个接脚依然保持与搭铁接通，电动机开始运转，这与普通的电动车窗控制方式一致。

自动控制左前车窗上升，将左前开关按下，使触点A与上升触点UP接通，电流走向如下：

蓄电池正极→点火开关→上升触点UP→触点A→左前车窗电动机→触点B→电阻R→蓄电池搭铁。

这时，电动机运转，带动左前车窗玻璃上升。

电流通过电动机并经过电阻 R 时,电动机运转,电阻 R 上的电压降低,此电压输送至比较器 1 的一端,而比较器 1 的另一端是参考电压 C。参考电压 C 设定为开关接通后玻璃至最上方或最下方后的锁止电压。比较器 1 将这两个电压进行比较。比较器 1 则输出负电位至比较器 2 的一端,比较器 2 的另一端是参考电压 D,参考电压 D 是正电位,则比较器 2 输出正电压,晶体管 V 被触发导通。电磁线圈有大的电流通过,其电流走向如下:

蓄电池正极→点火开关→上升触点 UP→触点 A→二极管 D_1→电磁线圈→晶体管 V→二极管 D_4→触点 B→电阻 R→搭铁。

电磁线圈通电产生磁场力,使开关触点 A 一直与上升触点 UP 接触,即使松开控制开关,开关也会一直闭合,左前车窗电动机保持运转。

当车窗上升至最高位置,车窗就不再上升,则左前车窗电动机停止运转。但因为开关依然闭合,电动机及电阻 R 上的电流逐渐升高,则电阻 R 上的电压也逐渐升高。这样比较器 1 一端的电阻 R 上的电压也逐渐升高,当升高至超过比较器 1 上的参考电压 C 后,比较器 1 则输出正电位。电容器 C 开始充电,两端电压升高,当电容器 C 两端电压升高至超过参考电压 D 时,则比较器 2 输出低电压,晶体管 V 截止。因为晶体管 V 的截止,所以电磁线圈中不再有电流通过,磁场消失。触点 A 在弹簧力的作用下回位与开关触点 UP 分离断开,触点 A 回到与搭铁相通的位置,左前车窗电动机停止运转。

自动控制左前车窗下降时的工作原理与上升时的工作原理一致,仅仅是情况相反而已。

无论是在上升还是下降时,如果想使车窗电动机停止运转,只需要将控制开关向相反的方向按下,即可断开电磁线圈的电流回路,控制开关断开回到与搭铁相接通的位置,电动机停止运转。

2. 威驰轿车电动车窗的工作原理

车窗电动机都是双向的,分永磁式和双绕组串励式两类。永磁式直流电动机通过改变输入电枢绕组的电流方向使电动机以相反的方向旋转。双绕组串励式直流电动机有两个绕向相反的磁场绕组,一个称为上升绕组,另一个称为下降绕组,通电后产生相反方向的磁场,即可改变电动机的旋转方向。这里以永磁型直流电动机电动车窗为例进行分析。

以丰田威驰轿车为例对电动车窗电路原理图进行识读,图 1-21 所示为丰田威驰电动车窗电路图。

驾驶人控制电动车窗主开关,相应的后座右侧车窗下降的工作过程:

蓄电池"+"→ALT 熔丝→30A POWER 熔丝→动力继电器触点→电动车窗主开关 6 接线柱→电动车窗主开关→电动车窗主开关 16 接线柱→右后电动车窗控制开关 2 接线柱→右后电动车窗控制开关 1 接线柱→右后电动车窗电动机→右后电动车窗控制开关 3 接线柱→右后电动车窗控制开关 5 接线柱→电动车窗主开关 10 接线柱→电动车窗主开关 3 或 1 接线柱→IB 搭铁→蓄电池"-",完成下降动作。

乘客控制后座右侧车窗下降的工作过程:

蓄电池"+"→ALT 熔丝→30A POWER 熔丝→动力继电器触点→右后电动车窗控制开关 4 接线柱→右后电动车窗控制开关 1 接线柱→右后电动车窗电动机→右后电动车窗控制开关 3 接线柱→右后电动车窗控制开关 5 接线柱→电动车窗主开关 10 接线柱→电动车窗主开关 3 或 1 接线柱→IB 搭铁→蓄电池"-",使车窗下降。

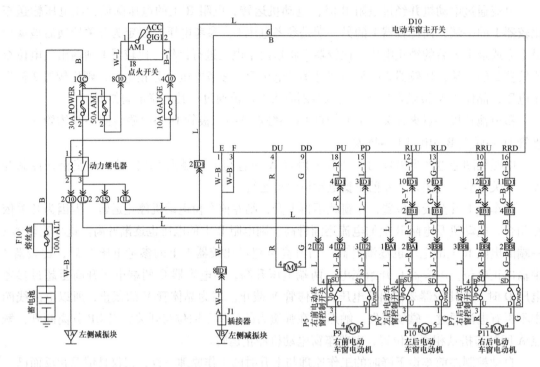

图 1-21 丰田威驰电动车窗电路图

3. 丰田卡罗拉轿车电动车窗的工作原理

（1）驾驶人侧电动车窗控制电路

驾驶人侧车门中的电动车窗控制电路如图 1-22 所示，由电动车窗主开关、升降器、集成电子控制单元（ECU）的电动机组成。该系统具有防夹、自动升降、遥控、诊断、失效保护、Key-Off 功能。当断开升降电动机线束插接器时需要对系统初始化（降下车窗至少 50mm 后，全部关闭车窗，将车窗主开关保持在 AUTO UO 位置 1s，车窗主开关指示灯熄灭初始化完成）。

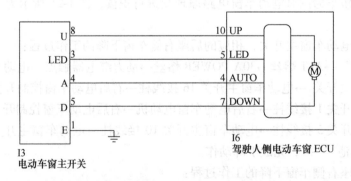

图 1-22 丰田卡罗拉驾驶人侧车窗开关电路图

操作电动车窗主开关分别控制驾驶人侧电动车窗 ECU 的 UP、AUTO、DOWN 端子与负极导通，完成各个车窗档位的实现，如图 1-22 所示。

1）自动上升：电动车窗主开关的 8 号、4 号、1 号端子闭合。
2）手动上升：电动车窗主开关的 8 号、1 号端子闭合。
3）自动下降：电动车窗主开关的 5 号、4 号、1 号端子闭合。
4）手动下降：电动车窗主开关的 5 号、1 号端子闭合。

（2）前排乘客电动车窗电路

前排乘客车门中的电动车窗控制电路由电动车窗主开关、电动车窗乘客开关、升降器组成，如图 1-23 所示。

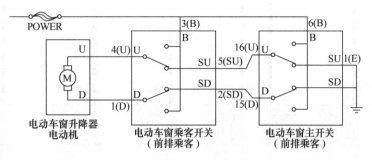

图 1-23　丰田卡罗拉前排乘客侧车窗开关电路图

1）电动车窗主开关上升：电动车窗主开关的 6 号与 16 号端子闭合、15 号与 1 号端子闭合。此时电流的方向为：POWER 熔丝→电动车窗主开关的 6 号端子→"B/U"端子→电动车窗主开关的 16 号端子→电动车窗乘客开关 4 号端子→"B/SU"端子→电动车窗乘客开关 5 号端子→车窗升降电动机 U 端子→车窗升降电动机 D 端子→电动车窗乘客开关 3 号端子→"D/SD"端子→电动车窗乘客开关 1 号端子→电动车窗主开关的 15 号端子→"D/SD"端子→电动车窗主开关的 1 号端子→搭铁。

2）电动车窗主开关下降：电动车窗主开关的 6 号与 15 号端子闭合、16 号与 1 号端子闭合。此时电流的方向为：POWER 熔丝→电动车窗主开关的 6 号端子→"B/D"端子→电动车窗主开关的 15 号端子→电动车窗乘客开关 1 号端子→"B/SD"端子→电动车窗乘客开关 3 号端子→车窗升降电动机 D 端子→车窗升降电动机 U 端子→电动车窗乘客开关 5 号端子→"U/SU"端子→电动车窗乘客开关 4 号端子→电动车窗主开关的 16 号端子→"U/SU"端子→电动车窗主开关的 1 号端子→搭铁。

3）电动车窗乘客开关上升：电动车窗乘客开关的 3 号与 4 号端子闭合、2 号与 1 号端子闭合。此时电流的方向为：POWER 熔丝→电动车窗乘客开关 3 号端子→"B/U"端子→电动车窗乘客开关 4 号端子→车窗升降电动机 U 端子→车窗升降电动机 D 端子→电动车窗乘客开关 1 号端子→"D/SD"端子→电动车窗乘客开关 2 号端子→电动车窗主开关的 15 号端子→"D/SD"端子→电动车窗主开关的 1 号端子→搭铁。

4）电动车窗乘客开关下降：电动车窗乘客开关的 1 号与 3 号端子闭合、4 号与 5 号端子闭合。此时电流的方向为：POWER 熔丝→电动车窗乘客开关 3 号端子→"B/D"端子→电动车窗乘客开关 1 号端子→车窗升降电动机 D 端子→车窗升降电动机 U 端子→电动车窗乘客开关 4 号端子→"U/SU"端子→电动车窗乘客开关 5 号端子→电动车窗主开关的 16 号端子→"U/SU"端子→电动车窗主开关的 1 号端子→搭铁。

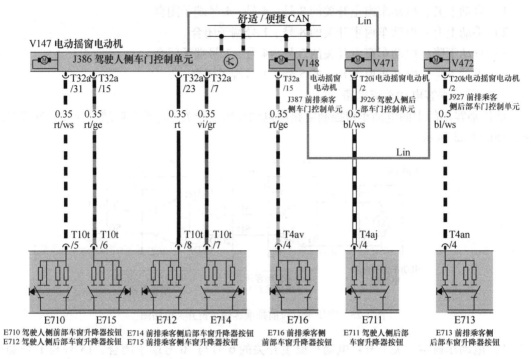

图 1-24 大众迈腾电动车窗控制电路

4. 大众迈腾轿车电动车窗的工作原理

大众迈腾轿车电动车窗控制电路如图 1-24 所示。

驾驶人侧主开关控制所有车窗：

驾驶人侧主开关→J386 左前车门控制单元→V147 车窗升降电动机；

驾驶人侧主开关→J386 左前车门控制单元→Lin 总线→J926 左后车门控制单元→V471 车窗升降电动机；

驾驶人侧主开关→J386 左前车门控制单元→舒适/便捷 CAN→J387 右前车门控制单元→V148 车窗升降电动机；

驾驶人侧主开关→J386 左前车门控制单元→舒适/便捷 CAN→J387 右前车门控制单元→Lin 总线→J927 右后车门控制单元→V472 车窗升降电动机；

乘客控制乘客侧车窗：

前排乘客侧车窗开关→J387 右前车门控制单元→V148 车窗升降电动机；

驾驶人后部侧车窗开关→J926 左后车门控制单元→V471 车窗升降电动机；

前排乘客后部侧车窗开关→J927 右后车门控制单元→V472 车窗升降电动机。

二、电动车窗的检测

1. 威驰轿车电动车窗系统的检测

（1）电动车窗调节器主开关总成的检查

1）检查主开关导通性，如图 1-25 所示。

①驾驶人侧车窗开关（车窗未锁和上锁）。标准见表 1-1。

学习情境一 电动车窗不能升降

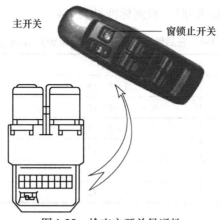

图 1-25　检查主开关导通性

表 1-1　主开关导通性

开关位置	端子	规定情况
UP	4—6—7	导通
	1—3—9	
OFF	1—3—4	导通
	1—3—9	
DOWN	1—3—4	导通
	6—7—9	
AUTO DOWN	1—3—4	导通
	6—7—9	

②前排乘客侧车窗开关（车窗未锁）。标准见表 1-2。

表 1-2　前排乘客侧车窗开关（车窗未锁）导通性

开关位置	端子	规定情况
UP	1—3—15	导通
	6—7—18	
OFF	1—3—15	导通
	1—3—18	
DOWN	1—3—18	导通
	6—7—15	

③前排乘客侧车窗开关（车窗上锁）。标准见表 1-3。

表 1-3　前排乘客侧车窗开关（车窗上锁）导通性

开关位置	端子	规定情况
UP	6—7—18	导通
OFF	15—18	导通
DOWN	6—7—15	导通

④左后侧车窗开关（车窗未锁）。检测标准见表1-4。

表1-4　左后侧车窗开关（车窗未锁）导通性

开关位置	端子	规定情况
UP	1—3—15	导通
	6—7—12	
OFF	1—3—13	导通
	1—3—12	
DOWN	1—3—12	导通
	6—7—13	

⑤左后侧车窗开关（车窗上锁）。检测标准见表1-5。

表1-5　左后侧车窗开关（车窗上锁）导通性

开关位置	端子	规定情况
UP	6—7—12	导通
OFF	12—13	导通
DOWN	6—7—13	导通

⑥右后侧车窗开关（车窗未锁）。检测标准见表1-6。

表1-6　右后侧车窗开关（车窗未锁）导通性

开关位置	端子	规定情况
UP	6—7—10	导通
	1—3—16	
OFF	1—3—10	导通
	1—3—16	
DOWN	1—3—10	导通
	6—7—16	

⑦右后侧车窗开关（车窗上锁）。检测标准见表1-7。

表1-7　右后侧车窗开关（车窗上锁）导通性

开关位置	端子	规定情况
UP	6—7—10	导通
OFF	10—16	导通
DOWN	6—7—16	导通

2）检查主开关照明，如图1-26和表1-8所示。

表1-8　检查主开关照明

开关位置	端子
蓄电池正极-端子6	开关照明灯亮
蓄电池负极-端子3	

3）检查电动车窗调节器开关总成。

注意：所有的调节器开关（前排乘客侧、左后侧、右后侧）都应以同样方法进行检查，如图 1-27 和表 1-9 所示。

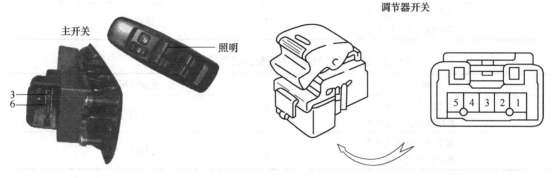

图 1-26　检查主开关照明　　　　　图 1-27　检查电动车窗调节器开关总成

表 1-9　电动车窗调节器开关端子检查

开关位置	端子	规定情况
UP	1—2	导通
	3—4	
OFF	1—2	导通
	3—5	
DOWN	1—4	导通
	3—5	

（2）检查电动车窗调节器电动机

1）检查调节器电动机的运转，如图 1-28 所示。

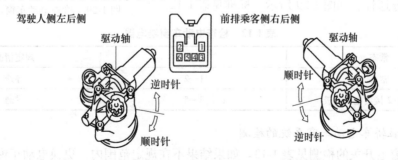

图 1-28　检查电动车窗调节器电动机的运转

注意：

①驾驶人侧和其左后侧的调节器电动机应以相同方法进行检测。

②前排乘员侧和其右后侧的调节器电动机应以相同方法进行检测。

当接头和每个端子加以蓄电池正极电压时，检查电动机运转平顺性。驾驶人侧和其左后侧的检测标准见表 1-10。前排乘员侧和其右后侧的检测标准见表 1-11。

表 1-10 驾驶人侧和其左后侧的调节器电动机检测

测量情况	规定情况
蓄电池正极—端子4 蓄电池负极—端子5	顺时针
蓄电池正极—端子5 蓄电池负极—端子4	逆时针

表 1-11 前排乘员侧和其右后侧的调节器电动机检测

测量情况	规定情况
蓄电池正极—端子4 蓄电池负极—端子5	顺时针
蓄电池正极—端子5 蓄电池负极—端子4	逆时针

2）检查调节器电动机内的 PTC 工作。

注意：此工作须在电动车窗调节器和车门玻璃安装在车上进行。

①将直流 400A 的万用表表笔接到端子 4 或 5 的线束上。

注意：万用表的表笔和电流方向应一致。

②完全关上车窗玻璃。

③将主开关切至 UP（上）（电流切断检查），当车窗完全合上 60s，检查电流经过多少时间由 16～34A 降到 1A。标准：4～90s。

④电流切断 60s 后，当主开关或调节器开关切为 DOWN（下），检查玻璃是否向下运动。

如果不符合规定，更换电动机。

(3) 检查 POWER 继电器

①从仪表板总成接线盒上拆下电动车窗继电器。

②检查导通性，如图 1-29 所示。标准见表 1-12。

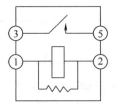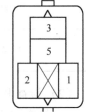

图 1-29 检查电动车窗继电器

表 1-12 检查电动车窗继电器

常态	端子	规定情况
常态	1—2	导通
端子1和2接蓄电池正极	3—5	导通

2. 卡罗拉轿车电动车窗系统的检测

电动车窗主开关的检测见表 1-13。如果结果不在规定范围内，更换电动车窗主开关。

表 1-13 电动车窗主开关检测

检测仪连接	条件	规定状态
8（U）—1（E）—4（A）	自动 UP（驾驶人侧）	小于 1Ω
8（U）—1（E）	手动 UP（驾驶人侧）	小于 1Ω
5（D）—1（E）	手动 DOWN（驾驶人侧）	小于 1Ω

(续)

检测仪连接	条件	规定状态
4（A）—5（D）—1（E）	自动 DOWN （驾驶人侧）	小于 1Ω
6（B）—16（U） 15（D）—1（E）	UP（前排乘客侧）	小于 1Ω
6（B）—15（D） 16（U）—1（E）	DOWN（前排乘客侧）	小于 1Ω
6（B）—12（U） 13（D）—1（E）	UP（左后）	小于 1Ω
6（B）—13（D） 12（U）—1（E）	DOWN（左后）	小于 1Ω
6（B）—10（U） 18（D）—1（E）	UP（右后）	小于 1Ω
6（B）—18（D） 10（U）—1（E）	DOWN（右后）	小于 1Ω

电动车窗乘客开关的检测见表 1-14。如果结果不在规定范围内，更换电动车窗乘客开关。

表 1-14　电动车窗乘客开关检测

检测仪连接	开关状态	规定状态
1（D）—2（SD）	UP	小于 1Ω
3（B）—4（U）		小于 1Ω
1（D）—2（SD）	OFF	小于 1Ω
4（U）—5（SU）		小于 1Ω
4（U）—5（SU）	DOWN	小于 1Ω
1（D）—3（B）		小于 1Ω

拆下电动车窗升降电动机，连接蓄电池，观察电动车窗升降电动机的工作状态，见表 1-15，不能转动则更换电动车窗升降电动机。

表 1-15　电动车窗电动机检测

开关状态	测量条件	规定状态
手动操作	蓄电池正极（+）→端子 2（B） 蓄电池负极（−）→端子 1（GND），7（DOWN）	电动机齿轮逆时针旋转
	蓄电池正极（+）→端子 2（B） 蓄电池负极（−）→端子 1（GND），10（UP）	电动机齿轮顺时针旋转
自动操作	蓄电池正极（+）→端子 2（B） 蓄电池负极（−）→端子 1（GND），4（AUTO），7（DOWN）	电动机齿轮逆时针旋转
	蓄电池正极（+）→端子 2（B） 蓄电池负极（−）→端子 1（GND），4（AUTO），10（UP）	电动机齿轮顺时针旋转

三、电动车窗的故障诊断

1. 电动车窗系统故障的诊断方法

（1）某个车窗玻璃升降器只能向一个方向运动

诊断方法：先操作相应的电动车窗总开关（或分开关），若车窗玻璃升降器只能向一个方向运动，则说明电动车窗分开关（或总开关）接触不良；若排除上述故障原因后车窗玻璃升降器仍只能向一个方向运动，则可能是电动车窗分开关至总开关之间的控制导线断路或车窗玻璃升降器有故障。

（2）某个车窗玻璃升降器不能动作

诊断方法：先操作相应的电动车窗总开关（或分开关），若车窗玻璃升降器运动不正常，则说明电动车窗分开关（或相应的总开关）损坏；若排除上述故障原因，调整后车窗玻璃升降器仍不动作，可能是分开关上的电源线断脱、电动机的连线断脱、电动机有故障、升降器有故障等。

（3）所有车窗玻璃升降器均不能运动

诊断方法：应先检查电源线和搭铁线，然后检查电动车窗继电器等。故障的原因可能是：电动车窗总开关搭铁线断脱、总电源线断脱、电动车窗继电器的触点接触不良、损坏或线圈断路，锁定开关（若装有）接触不良或未关闭等。

（4）玻璃升降器工作时有异常声响

故障原因：安装时没有调整好，卷丝筒内钢丝绳跳槽，滑动支架内的传动钢丝夹转动，电动机盖板或固定架与玻璃碰擦。

排除方法：重新调整升降器的安装螺钉，重新调整卷丝筒内的钢丝绳位置，检查安装支架弧度是否正确。

（5）电动机正常，升降器不工作

故障原因：钢丝绳断，滑动支架断或支架内的传动钢丝夹转动。

排除方法：更换钢丝绳，重新铆接钢丝夹。

（6）玻璃升降器工作时发卡、阻力大

故障原因：导轨凹部有异物，导轨损坏或变形，电动机损坏，钢丝绳腐蚀、磨损。

排除方法：排除异物，修理或更换损坏的零部件。

（7）电动车窗开关的检测

根据电路的工作原理，用万用表检查开关在不同工作状况时，各接线脚之间的导通性，从而判断是否有故障，然后进行相应的修理。

（8）电动车窗继电器的检测

首先用万用表检测继电器线圈。若线圈断路，一般应更换继电器，然后检查触点是否良好，若触点烧蚀可用砂纸打磨，烧蚀严重应更换继电器。

2. 丰田威驰轿车电动车窗故障诊断

对于电动车窗故障，可以根据故障症状及电路原理进行分析，确定故障区域，表1-16所示为丰田威驰轿车故障诊断表。

学习情境一　电动车窗不能升降

表 1-16　丰田威驰轿车故障诊断表

症状	检查区域
电动车窗不能运作（全部） （电动车门锁不能运作）	1. AMI 熔断器 2. 动力继电器 3. POWER 熔断器 4. 仪表熔断器 5. 线束
电动车窗不能运作（全部） （电动车门锁正常）	1. 点火开关 2. 电动车窗主开关 3. 线束 4. 电动车窗电动机
AUTO DOWN（自动下降） 功能不能运作	1. 电动车窗主开关 2. 电动车窗电动机
仅一个车窗玻璃不能动	1. 电动车窗主开关 2. 电动车窗分控开关 3. 电动车窗电动机 4. 线束
"窗锁止系统"不能动作	电动车窗主开关

3. 丰田卡罗拉轿车电动车窗故障诊断

表 1-17 所示为卡罗拉轿车电动车窗电路常见故障。

表 1-17　电动车窗故障诊断表

故障现象	可能原因
电动车窗主开关不能升降所用车窗	电动车窗主开关电源、电动车窗主开关、线束及连接
电动车窗主开关不能升降乘客侧车窗	电动车窗主开关、电动车窗乘客开关、电动车窗升降电动机、线束及连接
驾驶人侧自动升降不能工作	电动车窗初始化、电动车窗主开关、车窗升降槽、线束及连接
电动车窗乘客开关不能升降乘客侧车窗	电动车窗乘客开关

利用诊断仪的数据表与主动测试检测，不用拆卸零件线束，即可检测故障，是最简便实用的方法。电动车窗故障诊断表见表 1-18。通过该表，操作相应的功能观察数据变化即可以判断元器件输入信号的好坏。

表 1-18　电动车窗故障诊断表

诊断仪显示	测量项目/范围	正常状态
D Door P/W Auto SW	驾驶人车门电动车窗自动开关信号/ON 或 OFF	ON：驾驶人车门电动车窗自动开关工作 OFF：驾驶人车门电动车窗自动开关不工作
D Door P/W Up SW	驾驶人车门电动车窗手动上升开关信号/ON 或 OFF	ON：驾驶人车门电动车窗手动上升开关工作 OFF：驾驶人车门电动车窗手动上升开关不工作

(续)

诊断仪显示	测量项目/范围	正常状态
D Door P/W Down SW	驾驶人车门电动车窗手动下降开关信号/ON 或 OFF	ON：驾驶人车门电动车窗手动下降开关工作 OFF：驾驶人车门电动车窗手动下降开关不工作
Glass Position（Close-1/4）	防夹操作范围从全关至 1/4 开车窗玻璃位置/OK 或 CAUTION	OK：手动向上操作时有足够的车窗玻璃边缘 CAUTION：仅当内置于电动车窗升降器电动机的电动车窗 ECU 检测到卡夹现象时显示
Glass Position（1/4-2/4）	防夹操作范围从 1/4 至 1/2 开车窗玻璃位置/OK 或 CAUTION	OK：手动向上操作时有足够的车窗玻璃边缘 CAUTION：仅当内置于电动车窗升降器电动机的电动车窗 ECU 检测到卡夹现象时显示
Glass Position（2/4-3/4）	防夹操作范围从 1/2 至 3/4 开车窗玻璃位置/OK 或 CAUTION	OK：手动向上操作时有足够的车窗玻璃边缘 CAUTION：仅当内置于电动车窗升降器电动机的电动车窗 ECU 检测到卡夹现象时显示
Glass Position（3/4-Open）	防夹操作范围从 3/4 至全开车窗玻璃位置/OK 或 CAUTION	OK：手动向上操作时有足够的车窗玻璃边缘 CAUTION：仅当内置于电动车窗升降器电动机的电动车窗 ECU 检测到卡夹现象时显示

小　　结

本学习情境主要是让学生掌握汽车电动车窗的工作原理，会操作汽车电动车窗，会使用检测工具及仪器检测基本的元器件，能进行电动车窗的拆卸与安装，能够通过电路分析、诊断仪器诊断电动车窗的电路故障。

习　　题

一、填空题

1. 汽车电动车窗系统主要由____、____、____和____等组成。
2. 常见的电动车窗升降器主要有____、____和____等几种。
3. 电动车窗电动机可分成____和____两种。
4. 电动车窗一般装有两套开关，它们是____和____。

二、判断题

1. 驾驶人操作时，可以操纵 4 个车窗中的任意一个上升或下降，乘客也能操纵 4 个车窗中的任意一个上升或下降。（　　）
2. 电动车窗中的电动机一般为永磁单向直流电动机。（　　）
3. 车窗防夹手功能是指在车窗玻璃上升过程中，如果遇到阻力，它会自动下降防止夹手。（　　）
4. 驾驶人侧主控开关上的锁止开关关闭时，乘客车窗的分控开关还可以继续控制车窗玻璃。（　　）

三、问答题

1. 简述汽车电动车窗的功能。
2. 以丰田威驰轿车为例，简述电动车窗电路的工作原理。

3. 以丰田卡罗拉轿车为例,简述电动车窗电路的工作原理。
4. 以大众迈腾轿车为例,简述电动车窗电路的工作原理。
5. 以丰田威驰轿车为例,简述电动车窗故障的诊断方法。
6. 以大众迈腾轿车为例,简述电动车窗故障的诊断方法。

考 核 工 单

电动车窗实操考核工单

序号	考核项目		配分	评分标准(每项累计扣分不超过配分)
1	安全文明否决			造成人身、设备重大事故,或恶意顶撞考官、严重扰乱考场秩序,立即终止考试,此题计0分
2	工量具的选择及正确使用		15分	(1)不能正确选择工量具,每次扣3分 (2)不能正确使用工量具,每次扣5分
3	线路及控制开关的检测	乘客侧控制开关的线路检测	40分	(1)不检测电源线,扣10分 (2)不检测搭铁控制线,扣10分 (3)不通过连接线检测电动机的阻值,扣10分 (4)检测方法不正确,每次扣5分;导致短路,扣20分 (5)不能判断检测结果,每次扣10分
		乘客侧控制开关的检测	25分	(1)不检测开关上升位置的导通性,扣10分 (2)不检测开关下降位置的导通性,扣10分 (3)不检测开关处于常态位置的导通性,扣5分 (4)检测方法不正确,扣3~25分 (5)不能判断检测结果,每次扣5分
4	安全文明生产		20分	(1)不穿工作服扣1分,不穿工作鞋扣1分,不戴工作帽扣1分 (2)不安装车漆表面防护布(罩)扣1分,不安装车内座椅防护套、转向盘套、变速杆套、地板衬垫每项扣0.5分 (3)工量具与零件混放,或摆放凌乱,每次每处扣1分 (4)发动车辆不接尾气排放管,每次扣1分 (5)不放置三角木,扣1分 (6)工量具或零件随意摆放在地上,每次扣1分 (7)垃圾未分类回收,每次扣1分 (8)竣工后未清理工量具,每件扣1分 (9)竣工后未清理操作过程中手接触过的车漆表面,每处扣1分 (10)竣工后未清理考核场地,扣2分 (11)不服从考官、出言不逊,每次扣3分
5	合计		100分	

学习情境二
电动后视镜不能调整

学习目标：

1. 知识目标
（1）了解电动后视镜的作用与构造
（2）掌握电动后视镜的工作原理

2. 能力目标
（1）能够操作和维护电动后视镜
（2）会识读电动后视镜的电路图
（3）能够诊断电动后视镜的故障并进行维修

职业情境描述

客户反映：调整电动后视镜时，左右侧后视镜均不工作，要求给予维修。

根据客户描述的左右侧后视镜均不工作的故障现象初步判断，可能是电动后视镜供电电路或电动后视镜部件的故障导致。由于左右侧后视镜均不工作，这表明故障更可能发生在电动后视镜供电电路中。经检测，电动后视镜调节开关的供电熔丝损坏，需要更换新的供电熔丝。

工作任务一　汽车电动后视镜的认知

一、电动后视镜的结构

电动后视镜主要由直流电动机、车镜支架、连接机构、镜面玻璃等构成，电动后视镜的结构如图2-1所示。

直流电动机采用双向永磁式，每个后视镜安装两个，一个电动机控制上下方向的转动，另一个电动机控制左右方向的转动。每个电动后视镜都有一个独立控制开关，控制杆可多方向移动，可使一个电动机工作或两个电动机同时工作。有的电动后视镜还带有伸缩功能，由伸缩开关控制伸缩电动机工作，使后视镜伸出或缩回。

二、左侧外后视镜总成的拆卸

1. 拆下左侧前门维护孔盖

1）拆下门拉手。

学习情境二 电动后视镜不能调整

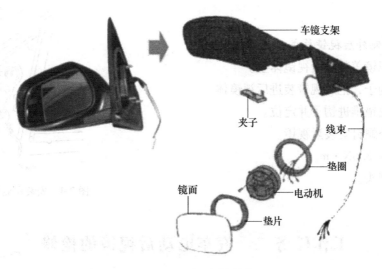

图 2-1 电动后视镜结构

2）拆下电动车窗调节器主开关总成。
3）拆下左侧前门下部框架支撑装饰。
4）拆下左侧前门边板。
5）拆下左侧内把手。
6）拆下左侧维护孔盖。

2. 拆下左侧外后视镜总成（图 2-2）

1）断开接头。
2）拆下 3 个螺栓和左侧后视镜。

3. 拆下左侧外后视镜盖（图 2-3）

1）在后视镜盖和后视镜之间插入抹布。
2）拉动抹布的下部断开后视镜接头。
3）拉出后视镜，拆下镜子。
4）松开钩子，拆下外后视镜盖。

图 2-2 拆下左侧外后视镜总成

   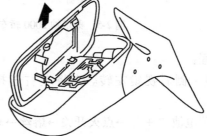

a) 在后视镜盖和后视镜之间插入抹布   b) 拉动抹布的下部断开后视镜接头

图 2-3 拆下左侧外后视镜盖

4. 安装左侧外后视镜总成（图2-4）

1）将后视镜盖装到后视镜体上。
2）连接钩子，把后视镜装进后视镜体。
3）把后视镜推进钩子并定位。
4）用3个螺钉安装后视镜。
拧紧力矩：8.0N·m。
5）连接接头。

图2-4　安装左侧外后视镜总成

工作任务二　汽车电动后视镜的检修

一、电动后视镜电路控制原理

1. 电动后视镜的控制电路及工作原理

图2-5所示为桑塔纳2000轿车电动后视镜控制电路。M11为左或右选择开关，M21为左右调整开关，M22为上下调整开关。

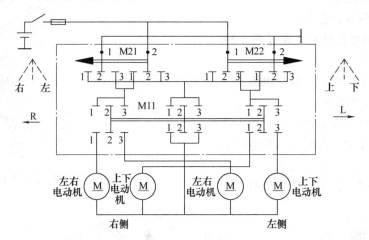

图2-5　桑塔纳2000轿车电动后视镜控制电路

工作过程：

1）调整左侧后视镜左转。先将左右选择开关（M11）拨至"L"，再按调整开关（M21）"L"。

电流由蓄电池"+"→点火开关→熔丝→M21接线柱2（上）→3（右）→M11（图中间）3（上）→M11（图中间）3（下）→左侧左右电动机→M11（图左）3（下）→M11（图左）3（上）→M21（中间）3→M21（上）1→搭铁→蓄电池"−"，形成电流回路，使左侧镜面向左转动。

2）调整左侧后视镜右转。先将左右选择开关（M11）拨至"L"，再按调整开关

（M21）"R"。

电流由蓄电池"+"→点火开关→熔丝→M21接线柱2（上）→1（左）→M11（图左）3（上）→M11（图左）3（下）→左侧左右电动机→M11（图中）3（下）→M11（图中）3（上）→M21（图左）1→M21（上）1→搭铁→蓄电池"-"，形成电流回路，使左侧镜面向右转动。

3）调整左侧后视镜上转。先将左右选择开关（M11）拨至"L"，再按调整开关（M22）"上"。

电流由蓄电池"+"→点火开关→熔丝→M22接线柱1（上）→1（右）→M11（图中）3（上）→M11（图中）3（下）→左侧上下电动机→M11（图右）3（下）→M11（图右）3（上）→M22（图右）1→M22（图右）2→搭铁→蓄电池"-"，形成电流回路，使左侧镜面向上转动。

4）调整左侧后视镜下转。先将左右选择开关（M11）拨至"L"，再按调整开关（M22）"下"。

电流由蓄电池"+"→点火开关→熔丝→M22接线柱1（上）→3（右）→M11（图右）3（上）→M11（图右）3（下）→左侧上下电动机→M11（图中）3（下）→M11（图中）3（上）→M22（图右）3→M22（图右）2→搭铁→蓄电池"-"，形成电流回路，使左侧镜面向下转动。

同理，右侧后视镜调整与上述方法相同，只要将左右选择开关（M11）拨至"R"即可。

2. 威驰轿车电动后视镜的工作原理

以丰田威驰轿车为例来说明电动后视镜的控制原理，丰田威驰轿车电动后视镜的电路如图2-6所示。

当点火开关处于ACC档时，蓄电池电源通过一系列熔丝，通过遥控后视镜开关的上/下、左/右操作，控制后视镜电动机相应动作，从而带动后视镜做上/下或左/右方向的运动。

电源电流：蓄电池电源→F10熔丝盒→50A AM1熔丝→点火开关ACC档→15A ACC熔丝→外后视镜开关端子8。

左后视镜的运动：将左右选择开关拨至"L"。

左后视镜向上运动：当后视镜操作开关处于上位置时，开关4-8接通，6-7接通，电流方向：外后视镜开关端子8→外后视镜开关端子4→上/下电动机→外后视镜开关端子6→外后视镜开关端子7→搭铁→蓄电池负极。上/下电动机控制后视镜向上运动。

左后视镜向下运动：当后视镜操作开关处于下位置时，开关6-8接通，4-7接通，电流方向：外后视镜开关端子8→外后视镜开关端子6→上/下电动机→外后视镜开关端子4→外后视镜开关端子7→搭铁→蓄电池负极。上/下电动机控制后视镜向下运动。

左后视镜向左运动：当后视镜操作开关处于左位置时，开关5-8接通，6-7接通，电流方向：外后视镜开关端子8→外后视镜开关端子5→左/右电动机→外后视镜开关端子6→外后视镜开关端子7→搭铁→蓄电池负极。左/右电动机控制后视镜向左运动。

左后视镜向右运动：当后视镜操作开关处于右位置时，开关5-7，6-8接通，电流方向：外后视镜开关端子8→外后视镜开关端子6→左/右电动机→外后视镜开关端子5→外后视镜开关端子7→搭铁→蓄电池负极。左/右电动机控制后视镜向右运动。

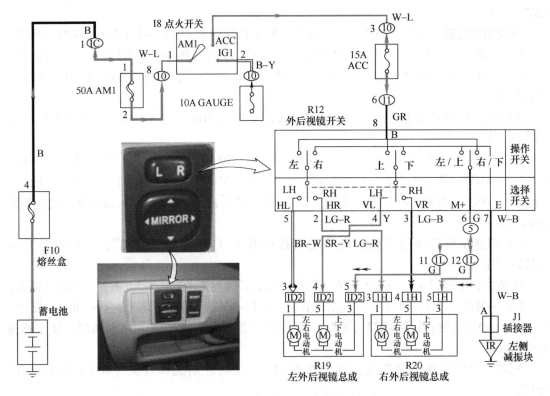

图 2-6 丰田威驰轿车电动后视镜的电路

右后视镜的运动：右侧后视镜的调整与上述方法相同，只要将左右选择开关拨至"R"即可。

3. 卡罗拉轿车电动后视镜的工作原理

以丰田卡罗拉轿车为例来说明电动后视镜的控制原理，丰田卡罗拉轿车电动后视镜的电路如图 2-7 所示。

电动后视镜由电动后视镜熔丝、后视镜调整电动机、后视镜调整开关组成。后视镜由上下、左右 2 个永磁直流电动机调整镜片位置。左、右侧选择开关是联动开关。

调整"左侧上"的过程：后视镜调整开关中 8 号与 4 号端子闭合；7 号与 6 号端子闭合。此时电流的方向为：电源→ACC 熔丝→后视镜调整开关 8 号端子→"上/左"端子→后视镜调整开关 4 号端子→左侧电动后视镜 5 号端子→左侧电动后视镜 4 号端子→插接器 A6-A1 号端子→后视镜调整开关 6 号端子→"左上"端子→后视镜调整开关 7 号端子→搭铁。

调整"左侧下"的过程：后视镜调整开关中 7 号与 4 号端子闭合；8 号与 6 号端子闭合。此时电流的方向为：电源→ACC 熔丝→后视镜调整开关 8 号端子→"右下"端子→后视镜调整开关 6 号端子→插接器 A1-A6 号端子→左侧电动后视镜 4 号端子→左侧电动后视镜 5 号端子→后视镜调整开关 4 号端子→"左/下"端子→后视镜调整开关 7 号端子→搭铁。

调整"左侧左"的过程：后视镜调整开关中 8 号与 5 号端子闭合；7 号与 6 号端子闭合。此时电流的方向为：电源→ACC 熔丝→后视镜调整开关 8 号端子→"左/左"端子→后视镜调整开关 5 号端子→左侧电动后视镜 3 号端子→左侧电动后视镜 4 号端子→插接器 A6-A1 号端子→后视镜调整开关 6 号端子→"左上"端子→后视镜调整开关 7 号端子→搭铁。

学习情境二　电动后视镜不能调整

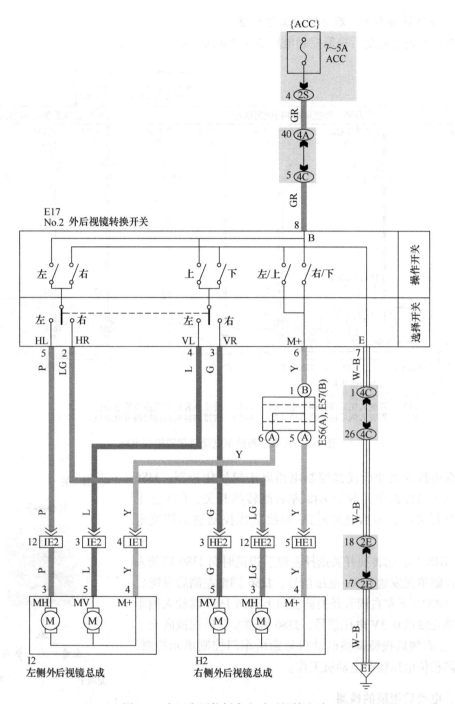

图 2-7　丰田卡罗拉轿车电动后视镜电路

调整"左侧右"的过程：后视镜调整开关中 7 号与 5 号端子闭合；8 号与 6 号端子闭合。此时电流的方向为：电源→ACC 熔丝→后视镜调整开关 8 号端子→"右下"端子→后视镜调整开关 6 号端子→插接器 A1-A6 号端子→左侧电动后视镜 4 号端子→左侧电动后视镜 3 号端子→后视镜调整开关 5 号端子→"左/右"端子→后视镜调整开关 7 号端子→搭铁。

4. 大众迈腾轿车电动后视镜的工作原理

大众迈腾轿车电动后视镜控制电路如图 2-8 所示：

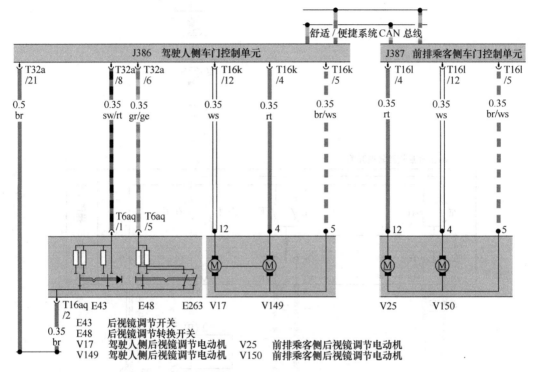

图 2-8　大众迈腾轿车电动后视镜控制电路

大众迈腾的电动后视镜控制电路属于模块化控制，J386 驾驶人侧车门控制单元收到 E48 左右侧转换开关、E43 上下左右调节开关的信号后通过舒适/便捷总线控制输出调整电动机。

1）E48 左右侧转换开关选择左侧后视镜时向 J386 驾驶人侧车门控制单元发送 0.3V 电压信号，J386 调整左侧后视镜。

2）E43 上下左右调节开关调整向上时向 J386 驾驶人侧车门控制单元发送 0.3V 电压信号，J386 调整左侧后视镜向上。

3）左右侧后视镜调整电动机分别由车门控制单元控制，输出不同相位电压控制电动机工作。

二、电动后视镜的检测

1. 威驰轿车电动后视镜系统的检测

（1）外后视镜开关总成的检查

1）左侧外后视镜开关总成。

检查开关导通性，标准（左侧）如图 2-9、表 2-1 所示。

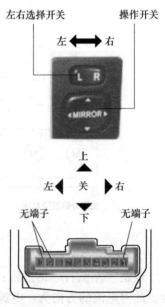

图 2-9　外后视镜开关

表 2-1　检查开关的导通性（左侧）

开关位置	端子	规定情况
关	—	不导通
上	4—8	导通
	6—7	
下	4—7	导通
	6—8	
左	5—8	导通
	6—7	
右	5—7	导通
	6—8	

2）右侧外后视镜开关总成。

检查开关的导通性。标准（右侧）见表 2-2。如果结果不符合规定，更换开关总成。

表 2-2　检查开关的导通性（右侧）

开关位置	端子	规定情况
关	—	不导通
上	3—8	导通
	6—7	
下	3—7	导通
	6—8	
左	2—8	导通
	6—7	
右	2—7	导通
	6—8	

（2）左侧外后视镜总成的检查

1）断开后视镜接头。

2）施加蓄电池电压检查后视镜运动。标准（左侧）如图 2-10、表 2-3 所示。

表 2-3　检查后视镜运动

测量情况	后视镜动作
蓄电池正极—MV（5） 蓄电池负极—COM（3）	后视镜向上（A）
蓄电池正极—COM（3） 蓄电池负极—MV（5）	后视镜向下（B）
蓄电池正极—COM（1） 蓄电池负极—MH（3）	后视镜向左（C）
蓄电池正极—MH（3） 蓄电池负极—COM（1）	后视镜向右（D）

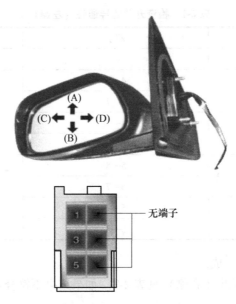

图2-10 左侧外后视镜

2. 卡罗拉轿车电动后视镜系统的检测

后视镜调整电动机的检测：断开电动后视镜电动机线束插头；连接蓄电池检查后视镜工作情况，见表2-4；检查后视镜调整电动机，如果没有达到规定状态，更换后视镜总成。

表2-4 检查后视镜调整电动机

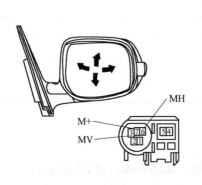

测量条件	规定状态
蓄电池正极（+）→端子3（MV） 蓄电池负极（-）→端子7（M+）	上翻
蓄电池正极（+）→端子7（M+） 蓄电池负极（-）→端子3（MV）	下翻
蓄电池正极（+）→端子6（MH） 蓄电池负极（-）→端子7（M+）	左转
蓄电池正极（+）→端子7（M+） 蓄电池负极（-）→端子6（MH）	右转

后视镜调整开关的检测：断开电动后视镜开关线束插头，选择每个调整档位测量相应的电阻，见表2-5；检查后视镜调整开关，如果没有达到规定状态，更换后视镜调整开关。

三、电动后视镜的故障诊断

1. 丰田威驰轿车后视镜电路故障诊断

对于电动后视镜电路故障，可根据电路的分析，找到故障点，表2-6所示为威驰电动后视镜故障诊断表。

对于带伸缩功能的后视镜电路故障（以锐志为例），还需检查其伸缩功能，如不能伸缩，则故障点一般为ACC熔丝、车外后视镜开关、车外后视镜、线束。

表 2-5 检查后视镜调整开关

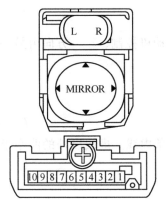

标准电阻（左侧）

检测仪连接	开关状态	规定状态
4（VL）—8（B）	UP	小于1Ω
6（M+）—7（E）	OFF	10kΩ 或更大
4（VL）—7（E）	DOWN	小于1Ω
6（M+）—8（B）	OFF	10kΩ 或更大
5（HL）—8（B）	LEFT	小于1Ω
6（M+）—7（E）	OFF	10kΩ 或更大
5（HL）—7（E）	RIGHT	小于1Ω
6（M+）—8（B）	OFF	10kΩ 或更大

标准电阻（右侧）

检测仪连接	开关状态	规定状态
3（VR）—8（B）	UP	小于1Ω
6（M+）—7（E）	OFF	10Ω 或更大
3（VR）—7（E）	DOWN	小于1Ω
6（M+）—8（B）	OFF	10kΩ 或更大
2（HR）—8（B）	LEFT	小于1Ω
6（M+）—7（E）	OFF	10kΩ 或更大
2（HR）—7（E）	RIGHT	小于1Ω
6（M+）—8（B）	OFF	10kΩ 或更大

表 2-6 后视镜故障诊断表

症状	可疑部位
后视镜不动作	1—2 导通
后视镜动作不正常	3—5 导通

2. 丰田卡罗拉轿车电动后视镜电路故障诊断

1）左右侧电动后视镜不工作。

可能原因：ACC 熔丝熔断、后视镜调整开关、后视镜电动机、线束及连接。

2）电动后视镜工作异常，一侧后视镜不能调整。

可能原因：后视镜调整开关、后视镜电动机、线束及连接。

3）电动后视镜工作异常，后视镜一侧位置不能调整。

可能原因：后视镜调整开关、后视镜电动机、调整机构、线束及连接。

检查线束、连接是否接触不良，线路是否断路，插接器连接是否松动，有故障则修复或紧固更换。

小 结

本学习情境主要是让学生掌握汽车电动后视镜的工作原理,会操作汽车后视镜,会使用检测工具及仪器检测基本的元器件,能进行电动后视镜的拆卸与安装,能通过电路分析、诊断仪器诊断电动后视镜的电路故障。

习 题

一、填空题

1. 电动后视镜主要由____、____和____三部分组成。
2. 丰田威驰后视镜安装两个电动机,____方向由一个电动机控制,____方向由另一个电动机控制。
3. 后视镜自动防眩目一般分为____和____两种。

二、判断题

1. 电动后视镜无记忆功能。　　　　　　　　　　　　　　　　　　　　　　　(　　)
2. 双曲率后视镜是指在后视镜外侧约 1/3 的位置会有一条虚线。虚线以外的曲率半径较小,虚线以内的曲率半径较大。　　　　　　　　　　　　　　　　　　　(　　)

三、问答题

1. 简述汽车电动后视镜的功能。
2. 以丰田威驰轿车为例,简述电动后视镜电路的工作原理。
3. 以丰田卡罗拉轿车为例,简述电动后视镜电路的工作原理。
4. 以大众迈腾轿车为例,简述电动后视镜电路的工作原理。
5. 以丰田威驰轿车为例,简述电动后视镜故障的诊断方法。
6. 以丰田卡罗拉轿车为例,简述电动后视镜故障的诊断方法。

考 核 工 单

电动后视镜考核工单

序号	考核项目		配分	评分标准(每项累计扣分不超过配分)
1	安全文明否决			造成人身、设备重大事故,或恶意顶撞考官、严重扰乱考场秩序,立即终止考试,此题计 0 分
2	工量具的选择及正确使用		15 分	(1) 不能正确选择工量具,每次扣 3 分 (2) 不能正确使用工量具,每次扣 5 分
3	线路及控制开关的检测	控制线路检测(选定左侧或右侧后视镜)	35 分	(1) 不检测电源线,扣 10 分 (2) 不检测搭铁控制线路,扣 10 分 (3) 不通过连接线检测电动机的阻值,扣 10 分 (4) 检测方法不正确,每次扣 5 分;导致短路,扣 20 分 (5) 不能判断检测结果,每次扣 10 分
		控制开关的检测(选定左右调整开关的一侧)	30 分	(1) 不检测开关向上位置的导通性,扣 8 分 (2) 不检测开关向下位置的导通性,扣 8 分 (3) 不检测开关向左位置的导通性,扣 8 分 (4) 不检测开关向右位置的导通性,扣 8 分 (5) 检测方法不正确,扣 5~30 分 (6) 不能判断检测结果,每次扣 5 分

(续)

序号	考核项目	配分	评分标准（每项累计扣分不超过配分）
4	安全文明生产	20分	（1）不穿工作服扣1分，不穿工作鞋扣1分，不戴工作帽扣1分 （2）不安装车漆表面防护布（罩）扣1分，不安装车内座椅防护套、转向盘套、变速杆套、地板衬垫每项扣0.5分 （3）工量具与零件混放，或摆放凌乱，每次每处扣1分 （4）发动车辆不接尾气排放管，每次扣1分 （5）不放置三角木，扣1分 （6）工量具或零件随意摆放在地上，每次扣1分 （7）垃圾未分类回收，每次扣1分 （8）竣工后未清理工量具，每件扣1分 （9）竣工后未清理操作过程中手接触过的车漆表面，每处扣1分 （10）竣工后未清理考核场地，扣2分 （11）不服从考官、出言不逊，每次扣3分
5	合计	100分	

学习情境三
电动座椅无法移动

学习目标：

1. 知识目标
（1）了解电动座椅的作用与构造
（2）掌握电动座椅的工作原理

2. 能力目标
（1）能够操作和维护电动座椅
（2）会识读电动座椅的电路图
（3）能够诊断电动座椅的故障并进行维修

职业情境描述

客户反映：电动座椅向前、后移动没有反应，要求给予维修。

根据客户描述的电动座椅向前、后移动没有反应的故障现象初步判断，可能是电动座椅供电电路或电动座椅部件的故障。客户同时还描述了电动座椅在其他方向调节工作正常，这表明故障更可能发生在电动座椅部件中。经检测，电动座椅的前、后调节电动机总成损坏，需要更换新的电动座椅前、后调节电动机总成。

工作任务一 汽车电动座椅的认知

一、电动座椅的结构

为了提高汽车乘坐的舒适性，现代轿车都安装有电动座椅。通过对汽车座椅的前后、靠背的角度以及头枕的高度等进行电动调节，从而使驾驶人和乘客的座椅获得理想的位置。电动座椅一般由双向电动机、传动装置和座椅调节器等组成。电动座椅的结构如图3-1所示。

1. 双向直流电动机

电动座椅采用永磁式直流电动机，通过操纵电动机按不同方向旋转，达到调节电动座椅的目的。直流电动机内装有断路器，防止过载烧坏电动机。

电动座椅多采用双向电动机，即电枢的旋转方向随电流的方向改变而改变，以达到座椅调节的目的。

电动机的数量取决于电动座椅的类型，通常双向移动座椅装有2个电动机，四向移动的座椅装有4个电动机，最多可达6个电动机，除能保证六向移动的功能外，还能调整头枕高度、倾斜度、座椅长度及扶手位置等。

学习情境三　电动座椅无法移动

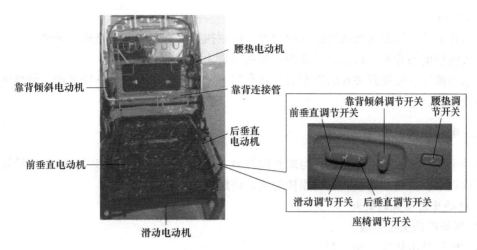

图 3-1　电动座椅的组成

2. 传动装置

电动座椅的传动装置主要由变速机构（蜗杆减速器）、联轴装置、齿轮齿条等组成。其作用是把直流电动机产生的旋转运动，变为座椅的位置调整。

（1）高度调整机构

高度调整机构由蜗杆轴、蜗轮、心轴等组成，如图 3-2 所示。

调整时，电动机驱动蜗杆轴，通过蜗杆副带动蜗轮转动，蜗轮内部的内螺纹与心轴上的外螺纹配合，使得心轴旋进或旋出，从而实现座椅的上升与下降。

（2）前后调整机构

前后调整机构由蜗杆、蜗轮、齿条、导轨等组成，如图 3-3 所示。

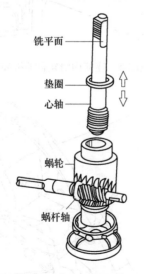

图 3-2　高度调整机构

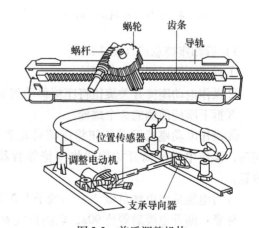

图 3-3　前后调整机构

齿条装在导轨上，调整时，电动机转矩经蜗杆传至两侧的蜗轮上，蜗轮与另一个小齿轮同轴，与座椅相连接，小齿轮与导轨上的齿条配合，带动座椅前后移动。

35

3. 控制开关

控制开关接受驾驶人或乘员输入的命令，控制执行机构完成电动座椅的调整。电动座椅组合开关包括前倾开关、后倾开关和四向开关（即上下和前后）。

电动座椅组合控制开关有的汽车安装在车门上，有的汽车安装在座椅旁边，使驾驶人或乘员操作方便。

二、电动座椅的拆装

电动座椅机械故障主要有蜗杆与蜗轮间打滑、齿条被卡齿等，维修时需拆下座椅进行更换。下面以卡罗拉轿车驾驶人电动座椅为例，讲解电动座椅的拆装。

1. 电动座椅总成的拆卸

1）拆卸座椅头枕总成。

拆卸座椅外滑轨盖（图3-4）。

2）拆卸座椅内滑轨盖。

①脱开卡爪。

②脱开导销并拆下座椅内滑轨盖（图3-5）。

图3-4　座椅外滑轨盖的拆卸

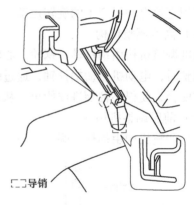

图3-5　座椅内滑轨盖的拆卸

3）拆卸座椅总成（图3-6）。

①拆下座椅后侧的2个螺栓。

②操作电动座椅开关旋钮将座椅移动到最后位置。

③拆下座椅前侧的2个螺栓。

④操作电动座椅开关旋钮将座椅移动到中间位置，同时，操作电动座椅开关旋钮将座椅靠背移动到直立位置。

⑤将电缆从蓄电池负极"－"端子上撕开。

注意：断开电缆后等待90s，以防止气囊展开。

小心：断开蓄电池电缆后重新连接时，某些系统需要初始化。

⑥断开座椅下面的插接器。

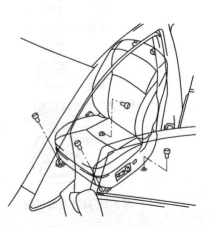

图3-6　座椅总成的拆卸

⑦拆下座椅。

2. 电动座椅部件的拆解

1）拆卸电动座椅靠背倾角调节开关旋钮。

使用缠有保护性胶带的螺钉旋具，脱开 2 个卡爪并拆下电动座椅靠背倾角调节开关旋钮（图 3-7）。

2）拆卸电动座椅滑动和高度调节开关旋钮。

使用缠有保护性胶带的螺钉旋具，脱开 4 个卡爪并拆下电动座椅滑动和高度调节开关旋钮（图 3-8）。

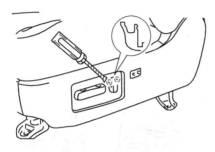

图 3-7 座椅开关旋钮的拆卸

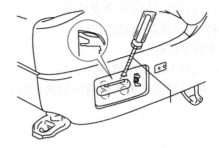

图 3-8 座椅开关面板的拆卸

3）拆卸座椅座垫护板总成。

①拆下挂钩（图 3-9）。

②拆下 5 个螺钉。

③脱开卡爪和导销，并拆下座椅座垫护板总成。

④从电动座椅腰部开关上断开插接器（图 3-10）。

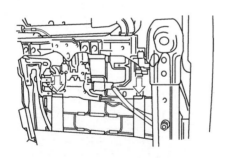

图 3-9 挂钩的拆卸

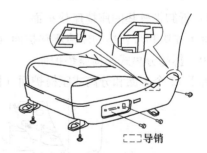

图 3-10 腰部开关插接器

4）拆卸座椅座垫内护板。

①拆下螺钉。

②脱开 2 个卡爪并拆下座椅座垫内护板（图 3-11）。

5）拆卸电动座椅腰部开关。

拆下 2 个螺钉和电动座椅腰部开关（图 3-12）。

6）拆卸电动座椅开关。

①拆下 3 个螺钉（如图 3-13）。

②断开插接器并拆下电动座椅开关。

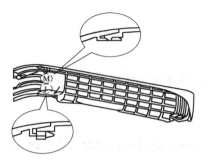

图 3-11　座椅座垫内护板的拆卸

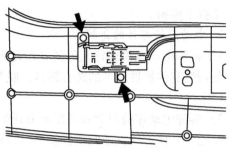

图 3-12　电动座椅腰部开关的拆卸

7）拆卸座椅内安全带总成。
8）拆卸座椅座垫内护板。
①拆下螺钉。
②脱开卡爪和导销（图 3-14）。
③脱开导销并拆下座椅座垫内护板。

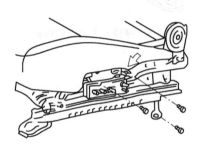

图 3-13　电动座椅开关的拆卸

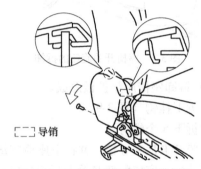

图 3-14　座椅内安全带总成的拆卸

9）拆卸带软垫的座椅座垫护面。
拆下挂钩和带软垫的座椅座垫护面（图 3-15）。
10）拆卸分离式座椅座垫护面。
拆下 12 个卡圈和分离式座椅护面（图 3-16）。

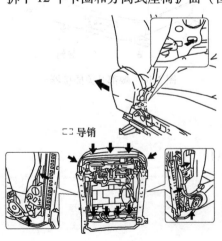

图 3-15　座椅座垫护面的拆卸

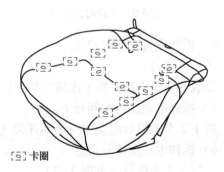

图 3-16　分离式座椅座垫护面的拆卸

11）拆卸带软垫的座椅靠背护面。
①拆下3个卡圈（图3-17）。
②脱开卡夹。
③断开插接器。
④拆下5个卡圈（图3-18）。

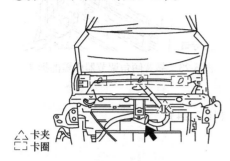

图3-17　座椅靠背护面的拆卸（一）

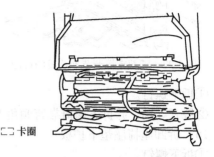

图3-18　座椅靠背护面的拆卸（二）

⑤翻开分离式座椅靠背护面，以便拆下螺母，并脱开分离式座椅靠背护面支架（图3-19）。
⑥脱开4个卡爪并拆下2个座椅头枕支架（图3-20）。
⑦将带软垫的分离式座椅靠背护面从座椅骨架总成上拆下。

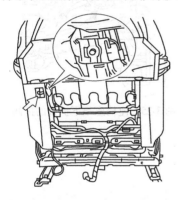

图3-19　座椅靠背护面支架的拆卸

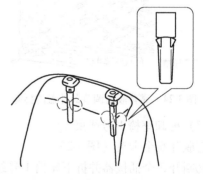

图3-20　座椅头枕支架的拆卸

12）拆卸分离式座椅靠背护面。
拆下6个卡圈和分离式座椅靠背护面（图3-21）。
13）拆卸腰部支撑调节器总成。
①断开插接器。
②拆下2个螺钉和腰部支撑调节器总成（图3-22）。
14）拆卸座椅靠背倾角调节器内盖。
①拆下螺钉。
②脱开导销，并拆下座椅靠背倾角调节器内盖（图3-23）。
15）拆卸座椅靠背倾角调节器外盖。

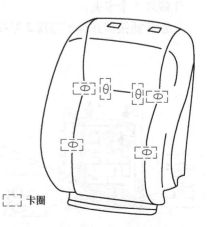

图3-21　座椅靠背护面的拆卸

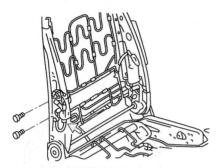

图3-22 腰部支撑调节器总成的拆卸

图3-23 靠背倾角调节器内盖的拆卸

① 拆下螺钉。

② 脱开导销，并拆下座椅靠背倾角调节器外盖（图3-24）。

16）拆卸座椅座垫下护板。

① 拆下螺钉。

② 脱开4个卡爪，并拆下座椅座垫下护板（图3-25）。

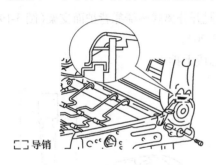

图3-24 靠背倾角调节器外盖的拆卸

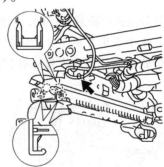

图3-25 座椅座垫下护板的拆卸

17）拆卸座椅1号线束。

① 脱开6个卡夹（图3-26）。

② 断开3个插接器并拆下座椅1号线束。

18）拆卸座椅2号线束。

① 脱开3个卡夹。

② 断开插接器并拆下座椅2号线束（图3-27）。

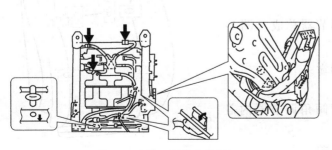

图3-26 座椅1号线束的拆卸

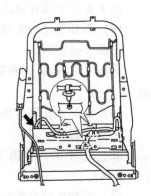

图3-27 座椅2号线束的拆卸

工作任务二　汽车电动座椅的检修

一、电动座椅电路的控制原理

1. 普通电动座椅的控制电路

电动座椅控制电路的原理与电动车窗的控制电路相似，都是通过调整开关控制双向直流电动机的电流方向。

图3-28为普通轿车电动座椅控制电路（不带储存功能），该电动座椅包括滑动电动机、前垂直电动机、倾斜电动机、后垂直电动机和腰椎电动机，可以实现座椅的前后移动、前部高度调节、靠背倾斜角度调节、后部高度调节及腰椎前后调节。

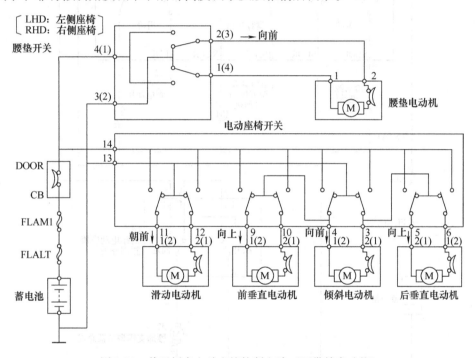

图3-28　普通轿车电动座椅控制电路（不带储存功能）

电路中有5个开关，分别控制5个电动机。开关有一个共同特点：均为常搭铁型结构，即电动机没有动作时，电动机两端通过开关搭铁；当开关转向一侧时，动作侧开关接通电源。每个电动机中均设有断路器，当座椅位置调整到极限时，流过电动机的电流增加，断路器断开，切断电动机电流，保护电动机不被烧损；松开调整开关，冷却后，断路器又重新复位。下面以座椅靠背的倾斜调节为例，介绍电路的控制过程。

当电动座椅的开关处于倾斜位置时，如果要调整靠背向前倾斜，则闭合倾斜电动机的前进方向开关，即端子4置于左位时，电路为：蓄电池正极→FLALT→FLAM1→DOOR CB→端子14→（倾斜开关"前"）→端子4→1（2）端子→倾斜电动机→2（1）端子→端子3→端子13→搭铁。此时，座椅靠背前移。

当端子3置于右位时，倾斜电动机反转，座椅靠背后移。此时的电路为：蓄电池正极→

FLALT→FLAM1→DOOR CB→端子 14→（倾斜开关"后"）→端子 3→2（1）端子→倾斜电动机→1（2）端子→端子 4→端子 13→搭铁。

2. 卡罗拉电动座椅的控制电路及工作原理

卡罗拉电动座椅电路如图 3-29 所示，蓄电池电压分别供电给驾驶人座椅调节电路和电动座椅背部支撑调节电路，以满足驾驶人的要求。卡罗拉驾驶人座椅带有六向电动调节和两向电动调节腰部支撑功能，可以很好地满足不同驾驶人的需要。

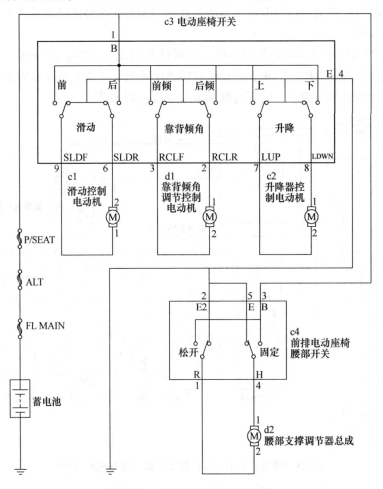

图 3-29　卡罗拉电动座椅的电路

座椅前后滑动调节：根据座椅开关信号控制电动机向前、向后滑动座椅，蓄电池→FL MAIN 熔丝→ALT 熔丝→P/SEAT 熔丝→电动座椅开关 1 号端子→电动座椅开关 9 号端子→滑动控制电动机 1 号端子→滑动控制电动机 2 号端子→电动座椅开关 6 号端子→电动座椅开关 4 号端子→搭铁，此时座椅向前滑动；蓄电池→FL MAIN 熔丝→ALT 熔丝→P/SEAT 熔丝→电动座椅开关 1 号端子→电动座椅开关 6 号端子→滑动控制电动机 2 号端子→滑动控制电动机 1 号端子→电动座椅开关 9 号端子→电动座椅开关 4 号端子→搭铁，此时座椅向后滑动。

座椅倾斜度调节：根据座椅开关信号控制电动机前倾、后倾调节靠背，蓄电池→FL

MAIN 熔丝→ALT 熔丝→P/SEAT 熔丝→电动座椅开关 1 号端子→电动座椅开关 3 号端子→滑动控制电动机 2 号端子→滑动控制电动机 1 号端子→电动座椅开关 2 号端子→电动座椅开关 4 号端子→搭铁，此时座椅靠背向前倾斜；蓄电池→FL MAIN 熔丝→ALT 熔丝→P/SEAT 熔丝→电动座椅开关 1 号端子→电动座椅开关 2 号端子→滑动控制电动机 1 号端子→滑动控制电动机 2 号端子→电动座椅开关 3 号端子→电动座椅开关 4 号端子→搭铁，此时座椅靠背向后倾斜。

座椅升降调节：根据座椅开关信号控制电动机垂直升降座椅，蓄电池→FL MAIN 熔丝→ALT 熔丝→P/SEAT 熔丝→电动座椅开关 1 号端子→电动座椅开关 7 号端子→滑动控制电动机 2 号端子→滑动控制电动机 1 号端子→电动座椅开关 8 号端子→电动座椅开关 4 号端子→搭铁，此时座椅向上升高；蓄电池→FL MAIN 熔丝→ALT 熔丝→P/SEAT 熔丝→电动座椅开关 1 号端子→电动座椅开关 8 号端子→滑动控制电动机 1 号端子→滑动控制电动机 2 号端子→电动座椅开关 7 号端子→电动座椅开关 4 号端子→搭铁，此时座椅向下降低。

腰部支撑调节：蓄电池→FL MAIN 熔丝→ALT 熔丝→P/SEAT 熔丝→电动座椅腰部开关 3 号端子→电动座椅腰部开关 4 号端子→腰部支撑调节电动机 1 号端子→腰部支撑调节电动机 2 号端子→电动座椅腰部开关 1 号端子→电动座椅腰部开关 2 号端子→搭铁，此时座椅腰部支撑凸出；蓄电池→FL MAIN 熔丝→ALT 熔丝→P/SEAT 熔丝→电动座椅腰部开关 3 号端子→电动座椅腰部开关 1 号端子→腰部支撑调节电动机 2 号端子→腰部支撑调节电动机 1 号端子→电动座椅腰部开关 4 号端子→电动座椅腰部开关 5 号端子→搭铁，此时座椅腰部支撑凹下。

3. 大众迈腾电动座椅的控制电路及工作原理

大众迈腾轿车电动座椅系控制电路如图 3-30 所示。

座椅前后滑动调节：S44 热敏熔丝→E470 驾驶人座椅调整操纵单元 T6dc/6 号端子→E470 驾驶人座椅调整操纵单元 T10al/6 号端子→V28 纵向调节电动机 T4dc/1 号端子→V28 纵向调节电动机 T4dc/2 号端子→E470 驾驶人座椅调整操纵单元 T10al/5 号端子→E470 驾驶人座椅调整操纵单元 T6dc/5 号端子→搭铁，此时座椅向前滑动；S44 热敏熔丝→E470 驾驶人座椅调整操纵单元 T6dc/6 号端子→E470 驾驶人座椅调整操纵单元 T10al/5 号端子→V28 纵向调节电动机 T4dc/2 号端子→V28 纵向调节电动机 T4dc/1 号端子→E470 驾驶人座椅调整操纵单元 T10al/6 号端子→E470 驾驶人座椅调整操纵单元 T6dc/5 号端子→搭铁，此时座椅向后滑动。

座椅倾斜度调节：S44 热敏熔丝→E470 驾驶人座椅调整操纵单元 T6dc/2 号端子→E470 驾驶人座椅调整操纵单元 T10al/1 号端子→V243 倾斜度调节电动机 T4db/2 号端子→V243 倾斜度调节电动机 T4db/1 号端子→E470 驾驶人座椅调整操纵单元 T10al/2 号端子→E470 驾驶人座椅调整操纵单元 T6dc/1 号端子→搭铁，此时座椅靠背向前倾斜；S44 热敏熔丝→E470 驾驶人座椅调整操纵单元 T6dc/2 号端子→E470 驾驶人座椅调整操纵单元 T10al/2 号端子→V243 倾斜度调节电动机 T4db/1 号端子→V243 倾斜度调节电动机 T4db/2 号端子→E470 驾驶人座椅调整操纵单元 T10al/1 号端子→E470 驾驶人座椅调整操纵单元 T6dc/1 号端子→搭铁，此时座椅向后倾斜。

座椅升降调节：S44 热敏熔丝→E470 驾驶人座椅调整操纵单元 T6dc/6 号端子→E470 驾驶人座椅调整操纵单元 T10al/7 号端子→V138 高度调节电动机 T4dd/1 号端子→V138 高度调

节电动机 T4dd/2 号端子→E470 驾驶人座椅调整操纵单元 T10al/4 号端子→E470 驾驶人座椅调整操纵单元 T6dc/5 号端子→搭铁，此时座椅下降；S44 热敏熔丝→E470 驾驶人座椅调整操纵单元 T6dc/6 号端子→E470 驾驶人座椅调整操纵单元 T10al/4 号端子→V138 高度调节电动机 T4dd/2 号端子→V138 高度调节电动机 T4dd/1 号端子→E470 驾驶人座椅调整操纵单元 T10al/7 号端子→E470 驾驶人座椅调整操纵单元 T6dc/5 号端子→搭铁，此时座椅上升。

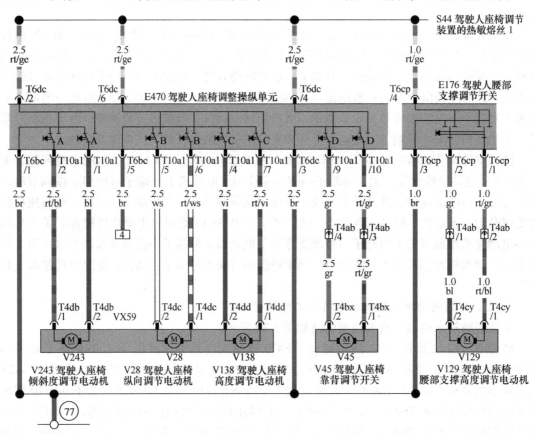

图 3-30　大众迈腾轿车电动座椅系统控制电路

腰部支撑调节：S44 热敏熔丝→E176 驾驶人腰部支撑调节开关 T6cp/4 号端子→E176 驾驶人腰部支撑调节开关 T6cp/1 号端子→V129 腰部支撑调节电动机 T4cy/1 号端子→V129 腰部支撑调节电动机 T4cy/2 号端子→E176 驾驶人腰部支撑调节开关 T6cp/2 号端子→E176 驾驶人腰部支撑调节开关 T6cp/3 号端子→搭铁，此时座椅腰部支撑凸出；S44 热敏熔丝→E176 驾驶人腰部支撑调节开关 T6cp/4 号端子→E176 驾驶人腰部支撑调节开关 T6cp/2 号端子→V129 腰部支撑调节电动机 T4cy/2 号端子→V129 腰部支撑调节电动机 T4cy/1 号端子→E176 驾驶人腰部支撑调节开关 T6cp/1 号端子→E176 驾驶人腰部支撑调节开关 T6cp/3 号端子→搭铁，此时座椅腰部支撑凹下。

座椅靠背调节原理与上述过程基本相同。

4. 带储存功能的电动座椅

自动座椅是带有存储功能的电动座椅，它是人体工程与电子技术相结合的产物，能自动适应不同体型的乘员乘坐舒适性的要求。

自动座椅的调整装置除能改变座椅的前后、高低、靠背倾斜及头枕等的位置外，还能存储座椅位置的若干个数据（或信息），只要乘员一按下按钮，就能自动调出座椅的各个位置的数据，如果此时不符合存储数据（或信息）的乘员乘坐，汽车便发出蜂鸣声响信号，以示警告。自动座椅现已在中高档轿车中广泛使用。

带储存功能的电动座椅控制电路如图3-31所示，其动作方式有座椅前后滑动调节、座椅前部的上下调节、座椅后部的上下调节、靠背的倾斜调节、头枕的上下调节及腰垫的前后调节等。其中腰垫的前后调节是通过腰垫开关和腰垫电动机直接控制的，并无存储功能。驾驶人通过操纵电动座椅开关可以控制其余的五种调整。当座椅位置调好后，按下储存和复位开关，电控装置就把各位置传感器的信号储存起来，以备下次恢复座椅位置时再用。当下次使用时，只要一按位置储存和复位开关，座位ECU便驱动座椅电动机，将座椅调整到原来位置。

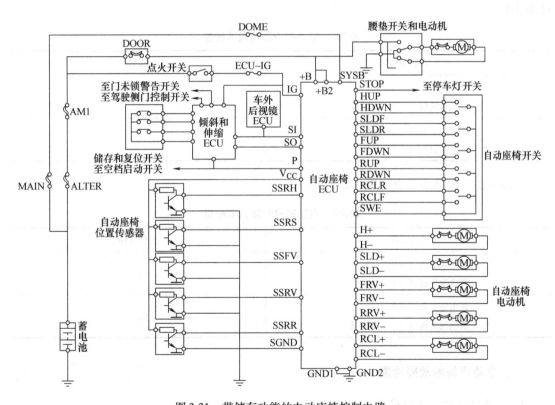

图3-31 带储存功能的电动座椅控制电路

二、电动座椅的检测

以卡罗拉轿车为例进行电动座椅的检测。

1. **电动座椅调节开关检测**

1）拆卸座椅头枕总成。

2）拆卸座椅外滑轨盖。

3）拆卸座椅总成。

4）拆卸电动座椅开关。

丰田卡罗拉轿车电动座椅调节开关如图3-32所示。操作每个开关时，测量指定端子间的电阻，应小于1Ω，否则更换电动座椅调节开关。

2. 电动座椅调节电动机的检测

1）断开电动座椅开关线束插头，使用万用表电阻档位测量滑动调节电动机、升降电动机、靠背倾角调节电动机的电阻，测量结果电阻应在15Ω以内。

2）将蓄电池连接到滑动调节电动机的插接器上，检查座椅移动情况。电动座椅滑动调节检查见表3-1。

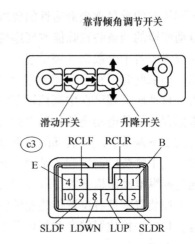

图3-32 丰田卡罗拉轿车电动座椅调节开关

表3-1 电动座椅滑动调节检查

测量条件	工作方向
蓄电池正极（+）→c1-1 蓄电池负极（-）→c1-2	前
蓄电池正极（+）→c1-2 蓄电池负极（-）→c1-1	后

电动座椅升降调节检查见表3-2。

表3-2 电动座椅升降调节检查

测量条件	工作方向
蓄电池正极（+）→c2-2 蓄电池负极（-）→c2-1	向上
蓄电池正极（+）→c2-1 蓄电池负极（-）→c2-2	向下

三、电动座椅的故障诊断

1. 电动座椅常见故障现象

表3-3所示为卡罗拉轿车电动座椅电路常见故障。

表3-3 电动座椅故障诊断表

症状	可疑部位
电动座椅不工作（滑动、升降、座椅靠背倾角调节）	P/SEAT 熔丝
	电动座椅开关
	线束或插接器

(续)

症状	可疑部位
仅滑动操作功能不工作	电动座椅开关
	前排座椅总成（滑动调节电动机）
	线束或插接器
仅升降操作功能不工作	电动座椅开关
	前排座椅总成（升降调节电动机）
	线束或插接器
仅座椅靠背倾角调节操作功能不工作	电动座椅开关
	前排座椅总成（座椅靠背倾角调节电动机）
	线束或插接器

2. 电动座椅故障诊断

下面以卡罗拉驾驶人电动座椅电路为例（图3-33）。对电动座椅故障进行分析。

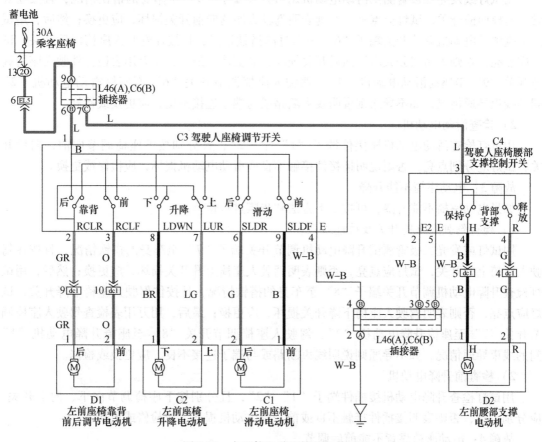

图3-33 卡罗拉电动座椅的电路图

故障1：驾驶人座椅不动作

如果驾驶人座椅不能前后运动，也不能上升、下降，背部支撑也不动作，可按如下方法和步骤进行检测：

1) 检查控制电路的供电。

用万用表测量插接器 L46 A9 端子（正极）与车身搭铁点（负极）的电压，正常值应为 12V（蓄电池电压），否则应检查蓄电池电压、30A 乘客座椅熔丝以及蓄电池至插接器 L46 A9 端子间线束是否断路。

2) 检查控制电路的搭铁。

用万用表检查 L46 A2 端子与搭铁点"L2"间是否导通，正常情况应导通，否则检查 L46 插接器及搭铁点"L2"的连接是否牢固。

3) 检查插接器。

用万用表检查插接器 L46 A9 端子与 B6、B7 之间是否导通，正常情况时应导通，否则应更换插接器 L46。

故障 2：电动座椅不能向前或向后移动

如果电动座椅不能向前或向后移动，可按如下方法和步骤进行检测。

1) 检查驾驶人座椅开关及接连线束。

用试灯或发光二极管测试滑动电动机调节开关端子"9"至车身的搭铁情况，且按住驾驶人座椅向前开关，试灯应点亮，否则表明驾驶人座椅向前开关损坏，应更换；然后，用试灯检查滑动电动机调节开关端子"6"至车身的搭铁情况，且按住驾驶人座椅向后开关，试灯应点亮，否则表明驾驶人座椅向后开关损坏，应更换；最后，用万用表检查驾驶人座椅调节开关"9"至座椅滑动电动机"1"、驾驶人座椅调节开关"6"至座椅滑动电动机"2"间的线束导通情况，如不导通则说明线束断路或与端子连接不良，应更换或检修。

2) 检查滑动电动机。

用试灯检查滑动电动机插接件端子"1"至"2"，且分别按下座椅调节向前、向后开关，试灯应分别点亮，否则说明插接件接触不良或滑动电动机损坏，应检修或更换。

故障 3：电动座椅不能升降

如果电动座椅不能升降，可按如下方法和步骤进行检测。

1) 检查驾驶人座椅开关及接连线束。

用试灯或发光二极管测试升降电动机调节开关端子"7"至车身的搭铁情况，且按住驾驶人座椅上升开关，试灯应点亮，否则表明驾驶人座椅上升开关损坏，应更换；然后，用试灯检查升降电动机调节开关端子"8"至车身的搭铁情况，且按住驾驶人座椅下降开关，试灯应点亮，否则表明驾驶人座椅下降开关损坏，应更换；最后，用万用表检查驾驶人座椅调节开关"7"至座椅升降电动机"2"、驾驶人座椅调节开关"8"至座椅升降电动机"1"间的线束导通情况，如不导通则说明线束断路或与端子连接不良，应更换或检修。

2) 检查前升降电动机。

用试灯检查升降电动机接插件端子"1""2"，且分别按下座椅调节向下、向上开关，应分别点亮，否则表明接插件接触不良或前升降电动机损坏，应检修或更换。

故障 4：电动座椅靠背不能前后调节

如果电动座椅靠背不能前后调节，可按如下方法和步骤进行检测。

1) 检查驾驶人座椅开关及接连线束。

用试灯或发光二极管测试靠背向前调节电动机调节开关端子"3"至车身的搭铁情况，且按住驾驶人座椅靠背向前开关，试灯应点亮，否则表明驾驶人座椅靠背前后调节开关损坏，应更换；然后，用试灯检查靠背向后调节开关端子"2"至车身的搭铁情况，且按住驾驶人座椅靠背向后开关，试灯应点亮，否则表明驾驶人座椅靠背调节开关损坏，应更换；最后，用万用表检查驾驶人座椅调节开关"3"至座椅靠背调节电动机"2"、驾驶人座椅调节开关"2"至座椅靠背调节电动机"1"间的线束导通情况，如不导通则说明线束断路或与端子连接不良，应更换或检修。

2）检查靠背前后电动机。

用试灯检查靠背前后电动机插接件端子"1""2"，且分别按下座椅调节向后、向前开关，应分别点亮，否则表明接插件接触不良或靠背前后电动机损坏，应检修或更换。

故障5：电动座椅腰部支撑不能调节

如果电动座椅腰部支撑不能调节，可按如下方法和步骤进行检测。

1）检查驾驶人座椅腰部支撑控制开关及接连线束

用试灯或发光二极管测试驾驶人座椅腰部支撑控制开关端子"4"至车身的搭铁情况，且按住驾驶人座椅腰部支撑保持开关，试灯应点亮，否则表明驾驶人座椅腰部支撑保持开关损坏，应更换；然后，用试灯检查座椅腰部支撑控制开关端子"1"至车身的搭铁情况，且按住驾驶人座椅腰部支撑释放开关，试灯应点亮，否则表明驾驶人座椅腰部支撑释放开关损坏，应更换；最后，用万用表检查驾驶人座椅腰部支撑控制开关"1"至座椅腰部支撑调节电动机"2"、驾驶人座椅腰部支撑控制开关"4"至座椅靠背调节电动机"1"间的线束导通情况，如不导通则说明线束断路或与端子连接不良，应更换或检修。

2）检查驾驶人座椅腰部支撑电动机。

用试灯检查驾驶人座椅腰部支撑电动机接插件端子"1""2"，且分别按下座椅腰部支撑保持、释放开关，应分别点亮，否则表明接插件接触不良或驾驶人座椅腰部支撑电动机损坏，应检修或更换。

小　　结

本学习情境主要是让学生掌握汽车电动座椅的工作原理，会操作汽车电动座椅，会使用检测工具及仪器检测基本的元器件，能进行电动座椅的拆卸与安装，能通过电路分析、诊断仪器诊断电动座椅的电路故障。

习　　题

一、填空题

1. 汽车电动座椅主要由____、____和____等组成。
2. 电动座椅通过调整开关控制双向直流电动机的____。
3. 普通轿车电动座椅双向电动机包括____、____、____、____、____和____，可以实现座椅的前后移动、前部高度调节、靠背倾斜程度调节、后部高度调节及腰椎前后调节。

二、判断题

1. 电动机的数量取决于电动座椅的类型，通常六向调节的电动座椅装有三个电动机。
（　　）

2. 座椅加热指座椅内的电加热装置，座椅加热只有前排座椅加热。（　　）

三、问答题

1. 简述汽车电动座椅的功能。
2. 以丰田威驰轿车为例，简述电动座椅电路的工作原理。
3. 以丰田卡罗拉轿车为例，简述电动座椅电路的工作原理。
4. 以大众迈腾轿车为例，简述电动座椅电路的工作原理。
5. 以丰田卡罗拉轿车为例，简述电动座椅故障的诊断方法。
6. 以大众迈腾轿车为例，简述电动座椅故障的诊断方法。

考 核 工 单

电动座椅考核工单

序号	考核项目		配分	评分标准（每项累计扣分不超过配分）
1	安全文明否决			造成人身、设备重大事故，或恶意顶撞考官、严重扰乱考场秩序，立即终止考试，此题计0分
2	工量具的选择及正确使用		15分	(1) 不能正确选择工量具，每次扣3分 (2) 不能正确使用工量具，每次扣5分
3	线路及控制开关的检测	控制线路检测	35分	(1) 不检测电源线，扣10分 (2) 不检测搭铁线，扣10分 (3) 不通过连接线检测电动机的阻值，扣10分 (4) 检测方法不正确，每次扣5分；导致短路，扣20分 (5) 不能判断检测结果，每次扣10分
		控制开关的检测	30分	(1) 不检测前后调整开关向前位置的导通性，扣5分 (2) 不检测前后调整开关向后位置的导通性，扣5分 (3) 不检测前部上下调整开关向上位置的导通性，扣5分 (4) 不检测前部上下调整开关向下位置的导通性，扣5分 (5) 不检测后部上下调整开关向上位置的导通性，扣5分 (6) 不检测后部上下调整开关向下位置的导通性，扣5分 (7) 检测方法不正确，扣5～30分 (8) 不能判断检测结果，每次扣5分
4	安全文明生产		20分	(1) 不穿工作服扣1分，不穿工作鞋扣1分，不戴工作帽扣1分 (2) 不安装车漆表面防护布（罩）扣1分，不安装车内座椅防护套、转向盘套、变速杆套、地板衬垫每项扣0.5分 (3) 工量具与零件混放，或摆放凌乱，每次每处扣1分 (4) 发动车辆不接尾气排放管，每次扣1分 (5) 不放置三角木，扣1分 (6) 工量具或零件随意摆放在地上，每次扣1分 (7) 垃圾未分类回收，每次扣1分 (8) 竣工后未清理工量具，每件扣1分 (9) 竣工后未清理操作过程中手接触过的车漆表面，每处扣1分 (10) 竣工后未清理考核场地，扣2分 (11) 不服从考官、出言不逊，每次扣3分
5	合计		100分	

学习情境四
中控门锁和防盗功能异常

学习目标：

1. 知识目标
（1）了解中控门锁的作用与构造
（2）掌握中控门锁的工作原理
（3）掌握防盗系统的工作原理

2. 能力目标
（1）能够操作和维护中控门锁
（2）会识读中控门锁和防盗系统的电路图
（3）能够诊断中控门锁和防盗系统的故障并进行维修

职业情境描述

客户反映：驾驶人侧车门无法用遥控上锁/解锁，使用机械钥匙能正常上锁/解锁车门，要求给予维修。

根据客户描述的驾驶人侧车门无法用遥控上锁/解锁的故障现象初步判断，可能是防盗控制系统或驾驶人侧车门电动门锁部件的故障。客户同时还描述了其他车门正常，这表明故障更可能发生在驾驶人侧车门电动门锁部件中。经检测，防盗控制器到驾驶人侧车门门锁电动机间线路损坏，需要维修连接防盗控制器到驾驶人侧车门门锁电动机间线路。

工作任务一　汽车中控门锁的认知与检测

一、中控门锁的结构

1. 中央门锁控制系统的功能

1）**中央控制**：当驾驶人锁住其身边的车门时，其他车门也同时锁住，驾驶人可通过门锁开关同时打开各个车门，也可单独打开某个车门。

2）**速度控制**：当达到一定行车速度时，各个车门能自行锁上，防止乘员误操作车门把手而导致车门打开。

3）**单独控制**：除驾驶人身边车门以外，还在其他车门设置单独的弹簧锁开关，可独立地控制一个车门的打开和锁住。

2. 汽车中控门锁的分类

汽车中控门锁（电子锁）的分类方法很多，既可以按照控制部分中主要元器件的异同进行分类，也可以按照编码方式的异同进行分类。

（1）按键式电子锁

按键式电子锁采用键盘或组合按钮输入开锁密码，操作方便。内部控制电路常采用电子密码专用集成电路。此类产品包括按键式电子锁和按键式汽车点火锁。

（2）拨盘式电子锁

拨盘式电子锁采用机械拨盘开关输入开锁密码。很多按键式电子锁可以改造成拨盘式电子锁。

（3）电子钥匙式电子锁

电子钥匙式电子锁使用电子钥匙作为开锁密码，它由元器件搭成的单元电路组成，可做成小型手持单元形式，通过光、声、电或磁等多种形式与主控电路联系。此类产品包括各种遥控汽车门锁、转向锁和点火锁以及电子密码点火钥匙。

（4）触摸式电子锁

触摸式电子锁采用触摸方式输入开锁密码。装用这种锁的车门上没有一般的门把手，代之以电子锁和触摸传感器。

（5）生物特征式电子锁

生物特征式电子锁的特点是将声音、指纹等人体生物特征作为密码输入，由计算机进行模式识别，控制开锁。生物特征式电子锁的智能化程度相当高。

3. 汽车中控门锁的组成

目前汽车上装用的中控锁种类很多，但其基本组成主要有门锁开关、门锁执行机构和门锁控制器。

（1）门锁开关

大多数中控门锁开关都是由总开关和分开关组成的，总开关装在驾驶人身旁车门上，驾驶人操纵总开关可将全车所有车门锁住或打开；分开关装在其他各个车门上，可单独控制一个车门。门锁开关如图4-1所示。

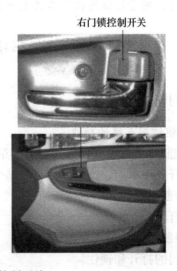

图4-1　门锁控制开关

(2)门锁执行机构

门锁执行机构用于执行驾驶人的指令,将门锁锁止或开启。门锁执行机构有电磁式、直流电动机式和永磁电动机式3种驱动方式。其结构都是通过改变极性转换电动机运动方向,从而执行锁门或开门动作。

1)电磁式:它内设2个线圈,分别用来开启、锁闭门锁,门锁集中操作按钮平时处于中间位置。当给锁门线圈通正向电流时,衔铁带动连杆左移,门被锁住;当给开门线圈通反向电流时,衔铁带动连杆右移,门被打开。电磁式门锁执行机构结构如图4-2所示。

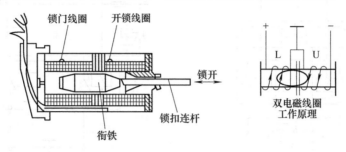

图 4-2　电磁式门锁执行机构结构图

2)直流电动机式:它通过直流电动机转动并经传动装置(传动装置有螺杆传动、齿条传动和直齿轮传动)将动力传给门锁锁扣,使门锁锁扣进行开启或锁止。由于直流电动机能双向转动通过电动机的正反转实现门锁的锁止或开启。这种执行机构与电磁式执行机构相比,耗电量较小。直流电动机式执行机构结构如图4-3所示。

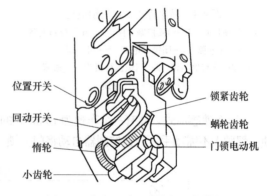

图 4-3　直流电动机式执行机构结构

3)永磁电动机式:永磁电动机多是指永磁型步进电动机。它的作用与前两种基本相同,但结构差异较大。转子带有凸齿,凸齿与定子磁极径向间隙小而磁通量大。定子上带有轴向均布的多个电磁极,而每个电磁线圈按径向布置。定子周布铁心,每个铁心上绕有线圈,当电流通过某一相位的线圈时,该线圈的铁心产生吸力吸动转子上的凸齿对准定子线圈的磁极,转子将转动到最小的磁通处,即是一步进位置。要使转子继续转动一个步进角,根据需要的转动方向向下一个相位的定子线圈输入一脉冲电流,转子即可转动。转子转动时,通过连杆使门锁锁止或开启。

(3)门锁控制器

门锁控制器是为门锁执行机构提供锁止/开启脉冲电流的控制装置。无论何种门锁执行机构都是通过改变执行机构通电电流方向控制连杆左右移动的,实现门锁的锁止和开启。

门锁控制器的种类很多,按其控制原理大致可分为晶体管式、电容式和车速感应式3种门锁控制器。

1)晶体管式:晶体管式门锁控制器内部有两个继电器,一个管锁门,一个管开门。继电器由晶体管开关电路控制,利用电容器的充放电过程控制一定的脉冲电流持续时间,使执行机构完成锁门和开门动作。晶体管式中控门锁机构如图4-4所示。

2) 电容式：该门锁控制器利用电容器充放电特性，平时电容器充足电，工作时把它接入控制电路，使电容器放电，使继电器通电而短时吸合，电容器完全放电后，通过继电器的电流中断而使其触点断开，门锁系统不再动作。电容式中控门锁系统如图4-5所示。

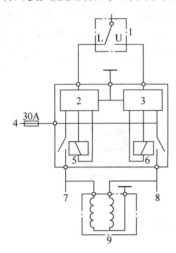

图4-4 晶体管式中控门锁机构
1—门锁开关 2—门锁控制电路 3—开门控制电路
4—接电源 5—闭锁继电器 6—开锁继电器
7、8—连其他门锁 9—门锁执行机构（电磁式）
L—闭锁 U—开锁

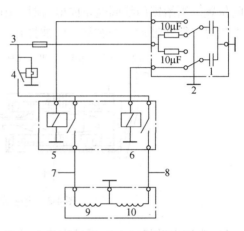

图4-5 电容式中控门锁系统
1—电容器 2—开锁开关 3—接电源
4—热敏断路器 5—闭锁继电器 6—开锁继电器
7、8—接其他门锁 9、10—电磁式门锁执行机构

3) 车速感应式。装有一个车速为10km/h的感应开关，当车速大于10km/h时，若车门未上锁，驾驶人不需动手，门锁控制器自动将门上锁。车速感应式中控门锁机构如图4-6所示。

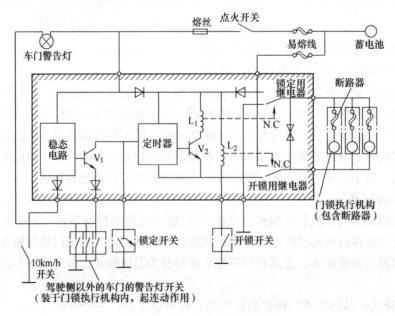

图4-6 车速感应式中控门锁机构

当点火开关接通时,电流流经警告灯可使3个车门的警告灯开关(此时门未锁)搭铁,警告灯亮。若按下锁门开关,定时器使晶体管 V_2 导通一下,在晶体管 V_2 导通期间,锁定继电器线圈 L_1 通电,常开触点闭合,门锁执行机构通正向电流,执行锁门动作。当按下开锁开关,则开锁继电器线圈 L_2 通电,常开触点闭合,门锁执行机构通反向电流,执行开门动作。汽车行驶时,若车门未锁,且车速低于10km/h时,置于车速表内的10km/h车速感应开关闭合,此时稳态电路不向晶体管 V_1 提供基极电流;当行车速度高于10km/h时,车速感应开关断开,此时稳态电路给晶体管 V_1 提供基极电流,V_1 导通,定时器触发端经 V_1 和车门报警开关搭铁,如同按下锁门开关一样,使车门锁定,从而保证行车安全。

4. 中控锁的遥控原理

中控锁的无线遥控功能是指不用把钥匙插入锁孔中就可以远距离开门和锁门,其最大优点是:不管白天黑夜,无须探明锁孔,可以远距离、方便地进行开锁(开门)和闭锁(锁门)。

遥控的基本原理:从车主身边发出微弱的电波,由汽车天线接收该电波信号,经电子控制器ECU识别信号代码,再由该系统的执行器(电动机或电磁线圈)执行启/闭锁的动作。该系统主要由发射器和接收机两部分组成。

(1) 发射器

发射器也称遥控器,由发射开关、发射天线(键板)、集成电路等组成。由于采用单芯片集成电路,可使其小型化。在电路的一侧装有锂电池。发射频率按照使用国的电波频带进行选择,一般可使用27MHz、40MHz、62MHz频带。发射开关每按一次进行一次信号发送,控制驾驶人侧车门、其他车门、行李舱门等的开启和锁闭,且具有寻车功能。发射器分为组合型(发射器与点火钥匙合二为一)和分开型两种,如图4-7所示。

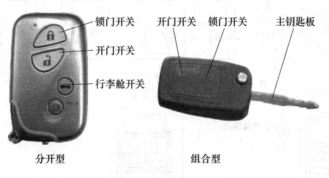

图4-7 发射器外形

(2) 接收机

发射器利用FM调制发出识别代码,通过汽车的FM天线进行接收,并利用分配器进入接收机ECU的FM高频增幅处理器进行解调,与被解调节器的识别代码进行比较;如果是正确的代码,就输入控制电路并使执行器工作。

用户可以通过设置门锁遥控ECU的开锁密码实现对自己汽车的保护,并在出现非法打开车门时进行报警。目前系统大都采用无线电波或红外线作为识别信号的传授媒介。

当中控门锁接收到正确的代码信号,控制接收电路就被触发,至接收时间加0.5s,然后再恢复到待机状态。如输入的代码信号不符,将不能触发接收电路。如果10min内有多于

10个代码信号输入不符，系统就认为有人企图窃车，于是停止接收任何信号，包括接收正确的代码信号。遇到这种情况必须由车主用钥匙机械地插入门锁孔才能开启车门。在通过钥匙点火起动以及把遥控门锁系统主开关关掉再打开，可恢复接收信号。如果遥控开锁车门后30s内不开门，则车门将自动锁上。

二、电动门锁电路的控制原理

1. 丰田威驰轿车电动门锁的控制电路及工作原理

丰田威驰轿车电动门锁电路如图4-8所示。

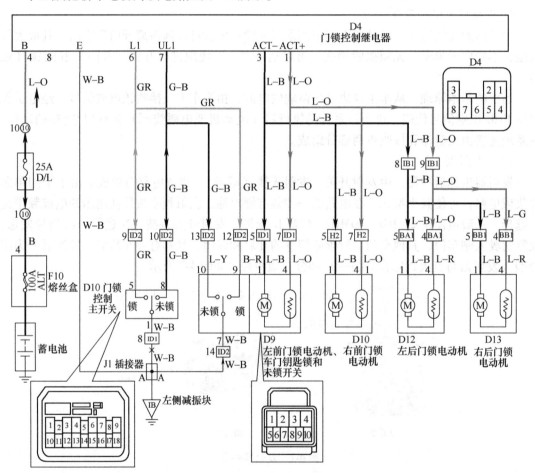

图4-8 丰田威驰轿车电动门锁电路

电动门锁控制继电器D4接收来自主开关D10和左前门车门锁的信号，然后驱动门锁电动机，其中左前门锁电动机、右前门锁电动机、左后门锁电动机、右后门锁电动机并连接入门锁控制继电器的3脚和1脚，ACT+和ACT－为门锁电动机控制信号输出端。

当门锁开关置于"锁"位置时，门锁控制继电器的6脚输入搭铁信号，门锁控制继电器识别为锁门信号，继电器动作，从其1脚输出蓄电池电压，分别经左前门锁电动机、右前门锁电动机、左后门锁电动机、右后门锁电动机后回到门锁控制继电器的3脚，此时左前门、右前门、左后门、右后门电动机运转，同时上锁。

当门锁开关置于"未锁"位置时,门锁控制继电器的 7 脚输入搭铁信号,门锁控制继电器识别为开锁信号,继电器动作,从其 3 脚输出蓄电池电压,分别经左前门锁电动机、右前门锁电动机、左后门锁电动机、右后门锁电动机后回到门锁控制继电器的 1 脚,此时左前门、右前门、左后门、右后门电动机运转,同时开锁。

2. 丰田威驰轿车遥控车门的控制电路及工作原理

从发射器发出的红外线信号或电磁波信号,被接收并输送到门锁遥控控制组件中。门锁遥控组件对接收器接收到的信号进行比较、判别,若为正确代码,则通过其内部的输出电路将开门或锁门信号交替输入到自动门锁控制组件中,通过门锁电动机或电磁铁来完成车门的打开或锁止动作。若连续输入经过门锁遥控控制组件判别为不正确的代码,门锁遥控控制组件会通过其内部的限时锁定电路在一定时间内停止输入。图 4-9 所示为丰田威驰轿车遥控车门电路。

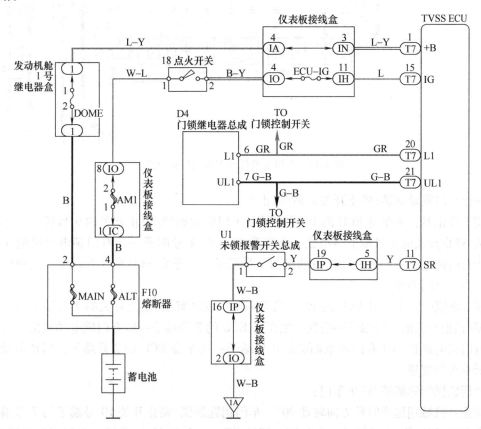

图 4-9 丰田威驰轿车遥控车门电路

电路原理分析如下:

蓄电池→MAIN 熔丝→DOME 熔丝→防盗系统(TVSS)ECU 的 1 脚,此为常电源电路;当点火开关闭合时,蓄电池→ALT 熔丝→AM1 熔丝→点火开关→ECU-IG 熔丝→防盗系统 ECU 的 15 脚。

防盗系统 ECU 接收来自发射器的信号,并通过其 20 脚、21 脚(其中 20 脚输出的是上锁信号,21 脚输出的是开锁信号)把这个信号发送给门锁控制继电器总成,门锁控制继电器总成向每个门锁电动机发出上锁/开锁信号实现控制。具体上锁/开锁电路分析参看威驰电动门锁部分。

3. 丰田卡罗拉轿车电动门锁的控制电路及工作原理

丰田卡罗拉轿车电动门锁电路如图4-10所示。

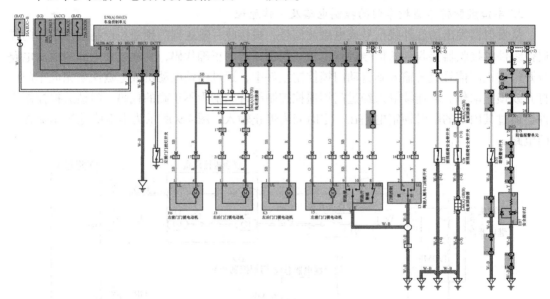

图4-10　丰田卡罗拉汽车电动门锁电路

操作车门联动解锁/锁止开关解锁/锁止车门：

按下锁止时：主车身ECU的10号端子→车门联动解锁/锁止开关的9号端子→车门联动解锁/锁止开关的1号端子→搭铁。主车身ECU的2号端子→所有门锁电动机的4号端子→所有门锁电动机→所有门锁电动机的1号端子→主车身ECU的3号端子，门锁电动机工作，所有车门锁止。

按下解锁时：主车身ECU的12号端子→车门联动解锁/锁止开关的2号端子→车门联动解锁/锁止开关的1号端子→搭铁。主车身ECU的3号端子→所有门锁电动机的1号端子→所有门锁电动机→所有门锁电动机的4号端子→主车身ECU的2号端子，门锁电动机工作，所有车门解锁。

使用机械钥匙解锁/锁止车门：

锁止：机械钥匙逆时针方向转动90°。车门钥匙解锁/锁止开关10号端子与7号端子闭合，主车身ECU的16号端子→车门钥匙解锁/锁止开关的10号端子→车门钥匙解锁/锁止开关的7号端子→搭铁。主车身ECU的2号端子→所有门锁电动机的4号端子→所有门锁电动机→所有门锁电动机的1号端子→主车身ECU的3号端子，门锁电动机工作，所有车门锁止。

解锁：机械钥匙顺时针方向扭动90°。车门钥匙解锁/锁止开关9号端子与7号端子闭合，主车身ECU的14号端子→车门钥匙解锁/锁止开关的9号端子→车门钥匙解锁/锁止开关的7号端子→搭铁。主车身ECU的3号端子→所有门锁电动机的1号端子→所有门锁电动机→所有门锁电动机的4号端子→主车身ECU的2号端子，门锁电动机工作，所有车门解锁。

使用遥控钥匙解锁/锁止车门：

车门处于关闭状态，主车身 ECU 收到遥控车门解锁/锁止信号。锁止：主车身 ECU 的 2 号端子→所有门锁电动机的 4 号端子→所有门锁电动机→所有门锁电动机的 1 号端子→主车身 ECU 的 3 号端子，门锁电动机工作，四个车门解锁；解锁：主车身 ECU 的 3 号端子→所有门锁电动机的 1 号端子→所有门锁电动机→所有门锁电动机的 4 号端子→主车身 ECU 的 2 号端子，门锁电动机工作，所有车门解锁。遥控锁止车门时，危险警告灯闪烁一次，遥控解锁车门时，危险警告灯闪烁两次。

4. 大众迈腾轿车电动门锁的控制电路及工作原理

大众迈腾驾驶人侧电动门锁控制电路如图 4-11 所示。

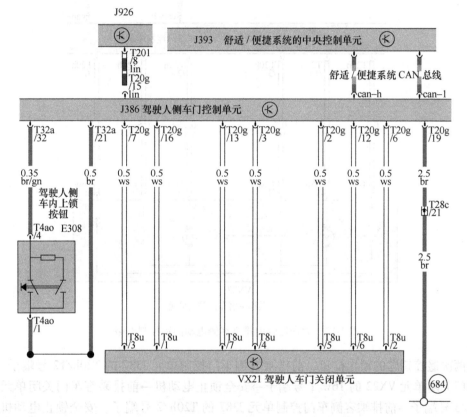

图 4-11　大众迈腾驾驶人侧电动门锁控制电路

该车使用遥控钥匙锁车门有两种闭锁状态：遥控器或机械钥匙锁止车门一次，门锁处于"安全锁止"状态，车门无法打开；连续进行两次锁止，或在车内通过"锁按钮"锁车，门锁只能处于"锁止"状态，车内可以打开车门。同样解锁时要两次。驾驶人侧车门与其他三个车门门锁不同，没有"安全锁止"状态。

大众迈腾前排乘客侧电动门锁控制电路如图 4-12 所示：

按一次遥控钥匙的锁止按钮，舒适系统控制单元 J393 通过舒适系统 CAN 总线系统将"安全锁止"信号发出，前排乘客侧车门控制单元 J387 收到信息后。前排乘客侧车门控制单元 J387 的 T20h/2 号端子→前排乘客车门关闭单元 VX22 的 T6w/3 号端子→安全锁止电动机→前排乘客车门关闭单元 VX22 的 T6w/1 号端子→前排乘客侧车门控制单元 J387 的 T20h/12 号端子→前排乘客侧车门控制单元 J387 的 T20h/13 号端子→前排乘客车门关闭单元 VX22 的 T6w/2 号端子→锁止电动机→前排乘客车门关闭单元 VX22 的 T6w/1 号端子→前排乘客侧车门控制单元 J387 的 T20h/12 号端子。锁止电动机、安全锁止电动机工作，门锁的机械机构处于"安全锁止"状态。

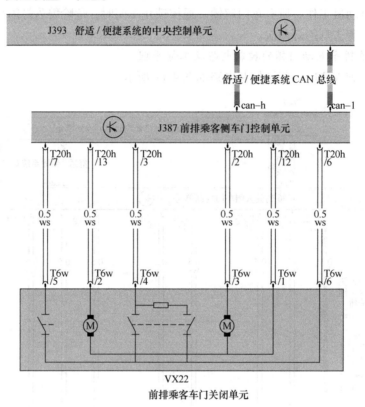

图 4-12　大众迈腾前排乘客侧电动门锁控制电路

按两次遥控钥匙的锁止按钮，前排乘客侧车门控制单元 J387 的 T20h/12 号端子→前排乘客车门关闭单元 VX22 的 T6w/1 号端子→安全锁止电动机→前排乘客车门关闭单元 VX22 的 T6w/3 号端子→前排乘客侧车门控制单元 J387 的 T20h/2 号端子。安全锁止电动机工作，门锁的机械机构处于"锁止"状态。

按一次遥控钥匙的解锁按钮，前排乘客侧车门控制单元 J387 的 T20h/12 号端子→前排乘客车门关闭单元 VX22 的 T6w/1 号端子→安全锁止电动机→前排乘客车门关闭单元 VX22 的 T6w/3 号端子→前排乘客侧车门控制单元 J387 的 T20h/2 号端子→前排乘客侧车门控制单元 J387 的 T20h/12 号端子→前排乘客车门关闭单元 VX22 的 T6w/1 号端子→锁止电动机→前排乘客车门关闭单元 VX22 的 T6w/2 号端子→前排乘客侧车门控制单元 J387 的 T20h/13 号端子。锁止电动机、安全锁止电动机工作，门锁的机械机构处于"解锁"状态。

闭锁开关：前排乘客车门关闭单元 VX22 的 T6w/4 号端子与 T6w/6 号端子中的开关，在门锁解锁/锁止过程中闭合/断开，来判断门锁的状态，将此信息通过舒适系统 CAN 总线系统反馈给舒适系统控制单元 J393。

三、中控门锁的故障诊断

1. 丰田威驰轿车电动门锁电路的检测与维修

下面以丰田威驰轿车为例,讲解电动门锁电路的检测与修复。

（1）故障诊断表

对于威驰轿车电动门锁电路故障,可按表4-1所示,根据故障现象找到故障点。

表4-1 威驰轿车电动门锁电路故障表

症状	可疑区域
通过主开关、驾驶人侧车门锁不能控制所有车门的上锁和开锁	1. D/L 熔丝 2. 电动车窗调节器主开关总成 3. 左侧前门锁总成 4. 门锁控制继电器总成 5. 线束

（2）检查门锁控制继电器总成

ECU 端子如图4-13 所示。

1）断开门锁控制继电器插接器 D4,检查线束一侧插接器每个端子的电压和导通情况,其标准应符合表4-2所示要求。如果结果不符合标准,可能是线束一侧有故障。

2）重新连接门锁控制继电器插接器 D4,检查插接器每个端子的电压,其标准应符合表4-3所示要求。如果结果不符合标准,车辆可能有故障。此时,检查门锁控制继电器和蓄电池之间的线束、插接器和熔丝。如果有必要进行修理或更换。

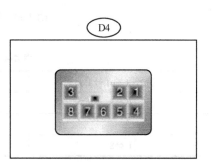

图4-13 ECU 端子

表4-2 门锁控制继电器插接器端子的电压和导通情况（断开状态）

符号（端子号）	导线颜色	工况	标准状况
B（D4-4）搭铁	L-O ⇔ -	任何工况	10~14V
E（D4-8）搭铁	W-B ⇔ -	任何工况	导通
L1（D4-6）搭铁	GR ⇔ -	门控开关（主开关）OFF→LOCK	不通→导通
UL1（D4-7）搭铁	G-B ⇔ -	门控开关（主开关）OFF→UNLOCK	不通→导通

表4-3 门锁控制继电器插接器端子的电压和导通情况（连接状态）

符号（端子号）	导线颜色	工况	标准状况
ACT+（D4-1）搭铁	L-O ⇔ -	门控开关（主开关）或门锁（驾驶人）OFF→LOCK→OFF	低于1V→10~14V→低于1V
ACT-（D4-3）搭铁	L-B ⇔ -	门控开关（主开关）OFF→UNLOCK→OFF	低于1V→10~14V→低于1V

（3）主开关、驾驶人侧车锁不能控制所有车门的上锁和开锁故障的检查

检查程序如下:

1）检查主开关或门锁操作。

如果用驾驶人侧车门锁不能进行手动上锁/开锁操作，转到步骤2）中步骤④；如果用主开关不能进行手动上锁/开锁操作，转到下一步骤。

2）检查电动车窗调节器主开关总成，如图4-14所示。

①拆下主开关。

②检查门锁控制开关导通性，其标准应符合表4-4所示的要求。

如果不正常，更换电动车窗调节器主开关总成；如果正常，转到下一步骤。

③检查线束（电动车窗调节器主开关总成到门锁控制继电器总成），如图4-15所示。

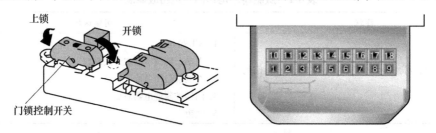

图 4-14　检查电动车窗调节器主开关总成

表 4-4　检查门锁控制开关的导通性

符号（端子号）	开关位置	标准状况
1⇔5	LOCK	导通
—	OFF	不导通
1⇔8	UNLOCK	导通

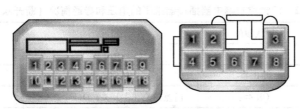

图 4-15　检查线束（电动车窗调节器主开关总成到门锁控制继电器总成）

a. 断开 D10 电动车窗主开关插接器。

b. 断开 D4 门锁控制继电器插接器。

c. 检查线束一侧插接器的导通性，其标准应符合表4-5所示要求。

表 4-5　检查线束一侧插接器的导通性

符号（端子号）	标准状况
L（D10-5）⇔L1（D4-6）	导通
L（D10-8）⇔UL1（D4-7）	导通

如果不正常，修理或更换线束和插接器；如果正常，更换门锁控制继电器总成。

④检查驾驶人侧门锁总成。

a. 施加蓄电池电压，检查门锁电动机的动作，如图 4-16 所示，其标准应符合表 4-6 所示要求。

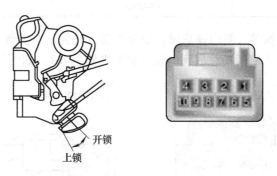

图 4-16 检查门锁电动机的动作

表 4-6 门锁电动机的动作表

符号（端子号）	标准状况
蓄电池正极（+）⇔端子 4 蓄电池正极（-）⇔端子 1	上锁
蓄电池正极（+）⇔端子 1 蓄电池正极（-）⇔端子 4	开锁

b. 检查车上锁和开锁开关的导通性，如图 4-17 所示，其标准应符合表 4-7 所示要求。

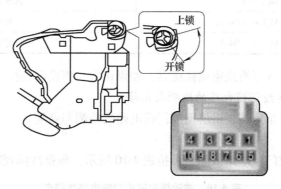

图 4-17 检查车上锁和开锁开关

表 4-7 检查车上锁和开锁开关的导通性

符号（端子号）	开关位置	标准状况
7⇔9	LOCK	导通
—	OFF	—
7⇔10	UNLOCK	导通

c. 检查位置开关的导通性，其标准应符合表 4-8 所示要求。

表4-8　检查位置开关的导通性

符号（端子号）	开关位置	标准状况
7⇔8	LOCK	不导通
	UNLOCK	导通

如果不正常，更换驾驶人侧门锁总成；如果正常，转到下一步骤。

⑤检查线束（驾驶人侧门锁总成到门锁控制继电器总成），如图4-18所示。

图4-18　检查线束（驾驶人侧、门锁总成到门锁控制继电器总成）

a. 断开D9门锁（驾驶人侧）插接器。
b. 断开D4门锁控制继电器插接器。
c. 检查线束一侧插接器的导通性，其标准应符合表4-9所示要求。

表4-9　检查线束一侧插接器的导通性

符号（端子号）	标准状况
-（D9-4）⇔ACT+（D4-1）	导通
-（D9-1）⇔ACT+（D4-3）	导通

如果不正常，修理或更换线束或插接器，如果正常，更换门锁控制继电器总成。

2. 丰田威驰轿车遥控门锁电路的检测与维修

下面以丰田威驰轿车为例，讲解遥控门锁电路的检测与修复。

（1）故障诊断表

对于威驰轿车遥控门锁电路故障，可按表4-10所示，根据故障现象找到故障点。

表4-10　威驰轿车遥控门锁电路故障表

症状	可疑区域
仅无线控制功能不工作 （比较新车或同类型车辆的发射器）	1. 发射器电池 2. 门控发射器 3. 门控继电器总成 4. DOME灯和ECU-IG熔丝 5. 未锁警告灯开关总成 6. TVSS ECU 7. 线束

(2) 检查 TVSS ECU（ECU 端子）

①断开插接器 T7，检查线束一侧插接器每个端子的电压和导通情况，如图 4-19 所示，其标准应符合表 4-11 所示要求。如果结果不符合标准，可能是线束一侧有故障。

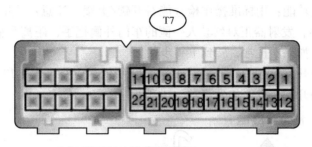

图 4-19　插接器 T7

表 4-11　线束一侧插接器端子的电压和导通情况（断开状态）

符号（端子号）	导线颜色	工况	标准状况
E（T7-22）⇔搭铁	W-B ⇔-	任何工况	10~14V
SR（T7-11）⇔搭铁	Y ⇔-	钥匙未插入→钥匙插入	导通
L1（T7-20）⇔搭铁	GR ⇔-	使用钥匙，驾驶人侧门锁 LOCK→其他位置	导通→不通
UL1（D4-7）⇔搭铁	G-B ⇔-	使用钥匙，驾驶人侧门锁 UNLOCK→其他位置	导通→不通
IG（T7-15）⇔搭铁	L ⇔-	点火开关 LOCK→ON	0V→10~14V
顶篷灯（T7-16）⇔搭铁	R-W ⇔-	·内室灯开关 DOOR ·驾驶人侧门全关→开 ·前排乘客侧门全关→开 ·右后门全关→开 ·左后门全关→开	10~14V→0V

②重新连接插接器 T7，检查插接器每个端子的电压，其标准应符合表 4-12 所示要求。如果结果不符合标准，ECU 可能有故障。

表 4-12　线束一侧插接器端子的电压和导通情况（连接状态）

符号（端子号）	导线颜色	工况	标准状况
HAZ（T7-14）⇔搭铁	G-O ⇔-W-B	不响应→后备状态→响应→后备状态	脉冲

(3) 汽车遥控器不能控制门锁故障的检查

电路参看图 4-9 所示。检查程序如下：

注意：以下说明的是一种发射信号的开关，它位于门控发射器内。

①置车辆于初始状态。

②检查发射器发光二极管是否闪亮：按 3 次开关，检查发射器发光二极管是否亮 3 次。如果正常，转到步骤④；如果不正常，转到下一步骤。

③简单检查发射器电池：更换新的或完好的发射器电池后，按 3 次开关，检查发射器发光二极管是否亮 3 次。如果不正常，更换门控发射器；如果正常，更换发射器电池。

④检查 DOME、ECU-IG 熔丝：从仪表板接线盒上拆下熔丝，检查是否导通，标准：导通。

如果不正常，更换熔丝；如果正常，转到下一步骤。

⑤检查遥控门锁功能：用标准操作检查能否开锁/上锁。注意：这里所说的标准操作是指按住发射器开关 1s，发射器正对驾驶人一侧的车门外侧把手，距离车辆 1000mm。如果正常，遥控门锁故障；如果不正常，转到下一步骤。

⑥检查未锁报警开关总成的导通性，如图 4-20 所示，应符合表 4-13 所示要求：如果不正常，更换未锁报警开关总成；如果正常，转到下一步骤。

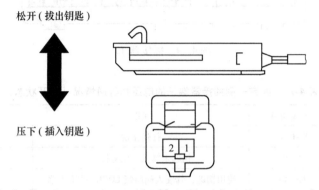

图 4-20　检查未锁报警开关总成的导通性

表 4-13　未锁报警开关总成的导通性

端子号	操作	标准状况
1⇔2	开关松开（拔出钥匙）	不通
	开关压下（插入钥匙）	导通

⑦检查线束（未锁报警开关与 TVSS ECU）（未锁报警开关搭铁），如图 4-21 所示。

a. 断开 U1 开关插接器。

b. 断开 T7 ECU 插接器。

c. 检查线束侧插接器的导通性，U1-2→T7-11 在标准状态下应导通。

d. 检查 U1 开关插接器和搭铁之间的导通性，U1-1→搭铁在标准状态下应导通。

如果不正常，修理或更换线束或插接器。

如果正常，转到下一步骤。

⑧注册识别码。检查允许注册。

如果正常，无故障（执行功能检查）；如果不正常，转到下一步骤。

⑨检查线束（门控继电器总成与 TVSS ECU），如图 4-22 所示。

a. 断开 D4 继电器插接器。

b. 断开 T7 ECU 插接器。

c. 检查线束一侧插接器之间的导通性，应符合表 4-14 所示要求。

如果不正常，修理或更换线束或插接器；如果正常，更换 TVSS ECU。

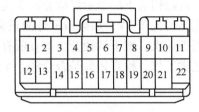 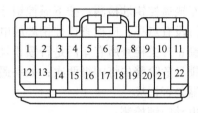

图 4-21　检查 TVSS ECU 与未锁报警开关间的线束　　　　图 4-22　检查门控继电器总成与 TVSS ECU 间的线束

表 4-14　检查线束一侧插接器的导通性

符号（端子号）	标准状况
L1（D4-6）⇔L1（T7-20）	导通
L1（D4-7）⇔UL1（T7-21）	导通

3. 遥控器的检修

（1）遥控器电池的更换

注意：操作时要格外小心，因为这些元件是精密的电子元件。

1）用螺钉旋具撬开遥控器壳，如图 4-23 所示。

注意：不要用力撬开壳。

2）拆下 2 粒电池（纽扣电池）。

注意：不要用手指按电极弹片；向上撬动电池（纽扣电池），用力过大会导致变形；手不要接触电池，因为手上的汗液会造成生锈；不要触摸或移动发射器里的任何元件，否则会影响操作。

3）如图 4-24 所示，装入 2 粒新电池（纽扣电池），正极（+）朝上。

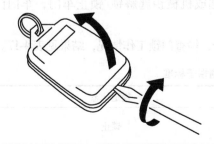 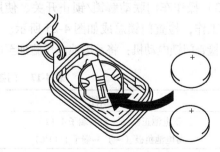

图 4-23　撬开遥控器壳　　　　　　　　　图 4-24　装入新电池

注意：确保发射器电池的正极与负极的朝向正确；小心不要弯曲发射器电池里的极片；小心不要让灰尘和油污沾染发射器盒。

4）检查橡胶盖是否扭曲或者滑落，安装遥控器壳。

注意：任何损坏都会造成电池（纽扣电池）和极片之间的接触不良。

（2）门控遥控器登记识别码

如果更换了门控遥控器或者 TVSS ECU，就要登记识别码。

4. 丰田卡罗拉中控门锁防盗系统的检测与维修

车辆遥控钥匙检测：按下遥控钥匙各开关 3 次，遥控钥匙上的指示灯应亮起 3 次。如果指示灯没有点亮，应检查遥控钥匙的电池，测量电压不得低于 3V；如果指示灯能正常点亮，按下锁止开关检查所有车门是否锁止且危险警告灯闪烁一次，按下解锁开关检查所有车门是否解锁且危险警告灯闪烁两次；如果遥控车门不能正常工作，检查钥匙是否合法、车门控制接收器是否损坏。

电动门锁检测：

基本检查：检查前保证车辆电源正常、所有车门处于关闭状态。有两种方法：①操作车门联动解锁/锁止开关，检查所有车门的解锁/锁止。②使用遥控钥匙或机械钥匙解锁/锁止车门，检查所有车门的解锁/锁止。

1）操作车门联动解锁/锁止开关，所有车门不工作，而机械钥匙解锁/锁止车门正常。检测车门联动解锁/锁止开关结果见表 4-15。

表 4-15　车门联动解锁/锁止开关端子标准

检测仪连接	机械钥匙开关状态	规定状态
9 ⇔ 1	锁止	小于 1Ω
2 ⇔ 1	解锁	

2）操作机械钥匙解锁/锁止车门，所有车门门锁不工作，而车门联动解锁/锁止开关车门正常。检测机械钥匙解锁/锁止结果见表 4-16。

表 4-16　机械钥匙解锁/锁止开关端子标准

检测仪连接	机械钥匙开关状态	规定状态
10 ⇔ 7	锁止	小于 1Ω
9 ⇔ 7	解锁	

3）操作车门联动解锁/锁止开关、使用遥控钥匙或机械钥匙解锁/锁止车门，车门门锁都不工作，检查门锁总成如图 4-25 所示。

检查门锁电动机：将蓄电池电压施加至电动机端子，检查门锁工作情况，结果见表 4-17。

表 4-17　门锁电动机检测端子标准

测量条件	规定状态
蓄电池正极（+）→端子 4（L） 蓄电池负极（-）→端子 1（UL）	锁止
蓄电池正极（+）→端子 1（UL） 蓄电池负极（-）→端子 4（L）	解锁

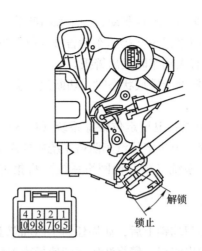

图 4-25 门锁总成

检查门锁位置开关：将蓄电池电压施加至电动机端子，检查门锁位置开关情况，结果见表 4-18。

表 4-18 门锁位置开关端子标准

检测仪连接	测量条件	门锁状态	规定状态
7 ⇔ 8	蓄电池正极（+）→端子 4 蓄电池负极（-）→端子 1	锁止	10kΩ 或更大
7 ⇔ 8	蓄电池正极（+）→端子 1 蓄电池负极（-）→端子 4	解锁	小于 1Ω

工作任务二　汽车防盗系统的认知与检测

一、汽车防盗系统的类型

1. 防盗器的分类

汽车防盗器按其结构可分三大类：机械式、电子式、网络式。

（1）机械式防盗器

主要是靠锁定离合器踏板、制动踏板、加速踏板或转向盘、变速杆来达到防盗的目的，它只防盗不报警。常见的结构形式有转向盘锁和变速手柄锁。

1）转向盘锁。使用时，主要是转向盘与制动踏板连接在一起，使转向盘不能做大角度转向及制动汽车。还有是在转向盘上加一根长铁棒，也可以使转向盘不能正常使用。

2）变速手柄锁。在变速杆附近安装锁，可使变速器不能换档。通常在停车后，把变速杆推回 0 位或 1 档位置，加上变速手柄锁可使汽车不能换档。

（2）电子式防盗器

电子防盗报警器（也称微电脑汽车防盗器）主要是靠锁定点火或起动来达到防盗的目的，同时具有防盗和声音报警功能。

1)服务功能。包括遥控车门、遥控起动、寻车和阻吓等。
2)警惕提示功能。触发报警记录(提示车辆曾被人打开过车门)。
3)报警提示功能。即当有人动车时发出警报。
4)防盗功能。即当防盗器处于警戒状态时,切断汽车上的起动电路。

(3)网络式防盗系统

该类汽车防盗系统分为两类:卫星定位跟踪系统(GPS)和利用车载台(对讲机)通过中央控制中心定位监控系统。卫星定位汽车防盗系统主要靠锁定点火或起动来达到防盗的目的,同时还可通过卫星定位系统(或其他网络系统)将报警信息和报警车辆所在位置无声地传送到报警中心。

2. 汽车防盗系统的组成

此系统的功能是在所有车门均锁上后,如果任何车门和罩盖被强制打开,或者蓄电池的端子被断开后重新连上,将发出警报。警报装置立即使扬声器发声以及前照灯、尾灯和其他外灯光闪烁,告知车辆周围的人此车装有防盗系统。

图4-26所示为汽车电子防盗系统的组成。当用钥匙锁好所有车门时,该系统处于约30s检测时间报警状态。之后,系统中的指示器[通常为发光二极管(LED)]开始断续闪光,表明系统处于报警状态。

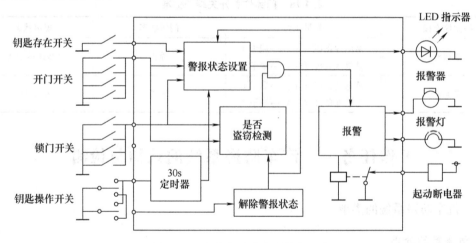

图4-26 汽车电子防盗系统的组成

当第三方试图解除门锁或打开车门时(当所有输入开关均设定为关状态时),系统则发出警报。当车主用其钥匙开启门锁时,这种报警状态或报警运转解除。警报一般以闪烁灯或发声报警形式发出。警报发生后持续时间约为1min,但起动电路直到车主用车钥匙打开汽车门锁之前始终处于断路状态。

3. 汽车发动机锁定系统(大众车系)

(1)第一代防盗系统

第一代防盗止动器如图4-27所示。防盗止动器是一个包含微处理器的电子控制器,只有在点火开关打开时才工作。它进行系统密码运算、比较过程并控制整个系统的通信过程,包括与发送器的通信、与发动机ECU的通信,同时它还完成与诊断仪的通信工作。

1)基本原理。桑塔纳2000GSi时代超人的防盗系统运用钥匙中发送器与识别线圈之间的电磁感应并通过无线电波识别技术来阻止非法盗用汽车。

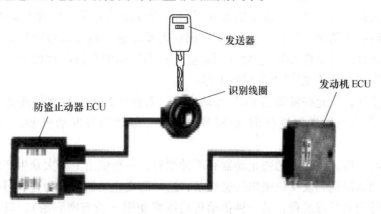

图 4-27 第一代防盗止动器

在经过上海大众出厂匹配工序之后，每辆桑塔纳 2000GSi 的防盗止动器就存储了本车发动机 ECU 识别码以及 3 把钥匙中发送器的识别码，同时每个发送器中也存储了相应的防盗止动器的有关信息。

当用户把钥匙插入锁孔并打开点火开关，防盗止动器首先通过锁孔上的识别线圈将一随机数传递给钥匙中的发送器。经过一番特定的运算后，发送器将结果反馈回防盗止动器，防盗止动器将之与自己经过相同特定运算的结果相比较。如果结果相吻合，系统即认可该钥匙。防盗止动器对发动机 ECU 也要通过特定的通信过程来完成鉴别过程。只有钥匙（发送器）与发动机 ECU 的密码都吻合时，防盗止动器才允许发动机 ECU 工作。

防盗止动器通过一根串行通信线（W-LINE）将经过编码的工作指令传到发动机 ECU，发动机 ECU 根据防盗止动器的数据决定是否起动汽车。同时 VAG 诊断仪可以通过串行通信接口（K 线）对系统进行故障诊断、编码等操作。识别密码过程（大约 2s）中仪表板上的指示灯会保持点亮状态。如果有任何错误发生，发动机 ECU 将停止工作，同时指示灯也会以一定频率闪烁。

2）防盗点火锁工作过程。

①一般工作过程。在桑塔纳 2000GSi 时代超人的点火钥匙内嵌一个发送器，发送器内存储有密码。将点火钥匙插入点火锁芯并将其旋至点火开关打开位置时，嵌在点火锁芯上的线圈马上受到防盗止动器的驱动建立起一个电磁场。受这个电磁场的激励，发送器才可以开始工作。点火开关一打开，防盗止动器即通过识别线圈向发送器输出一个 56bit 长度的随机数。这是一个询问过程，发送器的响应也是一个数，这个数由发送器根据从防盗止动器收到的随机数和其自身存储的密码信息经过特定计算而得出。同时防盗止动器也会根据这个随机数及其内部存储的密码信号经过特定计算而得出一个数，并将这个数与从发送器收到的数进行比较，两者只有吻合，防盗止动器才认为这把钥匙中的发送器是合法的。

如果钥匙中没有发送器或者发送器信号太弱，防盗止动器将在 2s 内重复进行询问过程，直至收到发送器响应信号。若 2s 内一直没有收到发送器的响应信号，防盗止动器将向发动机 ECU 发出不允许起动的信号。如果钥匙中发送器非法，其响应信号也必然被防盗止动器认为不正确，防盗止动器同样会向发动机 ECU 发出不允许起动的信号。

在与发送器之间进行询问/应答过程的同时,防盗止动器与发动机 ECU 之间也存在着通信过程。在点火开关打开之后,发动机 ECU 发出一个唤醒信号及一内含发动机 ECU 识别码的请求信号给防盗止动器,只有发动机 ECU 识别码及发送器响应信号均与防盗止动器内存的有关信息相吻合,发动机 ECU 才会收到防盗止动器发出的允许起动信号。之后,防盗系统停止工作,发动机 ECU 按照正常程序工作。

为提高安全性,在允许发动机 ECU 起动之后,若点火开关一直保持接通,则在 8h 后,防盗止动器会再次与发送器进行询问/应答过程,并以此回答发动机 ECU 的下一次请求信号。

② 钥匙学习过程。实际上防盗止动器有两种型号。一种供给上海大众生产线使用,上面附有该防盗止动器识别码及 4 位密码的密码条,这种防盗止动器预置为自学习模式,不需其他设备即可进行钥匙学习过程;另一种供给售后维修使用(没有密码条),只有在指定维修站才能查出该防盗止动器的识别码及密码,且必须借助专业诊断仪及防盗止动器密码才能进行钥匙学习过程。

当防盗系统出现故障时,防盗指示灯有相应的提示,见表 4-19。

表 4-19 防盗系统故障与防盗指示灯

打开点火开关后防盗指示灯	防盗系统
亮 3s 后熄灭	正常
持续亮 60s	匹配有误
闪烁 60s	识别线圈或数据线功能性故障
2.5s 后闪烁 60s	锁匙中无码片或未授权

(2) 第二代防盗系统

1) 第二代防盗系统的结构组成。第二代防盗系统的结构组成如图 4-28 所示。

2) 第二代防盗系统的基本原理。

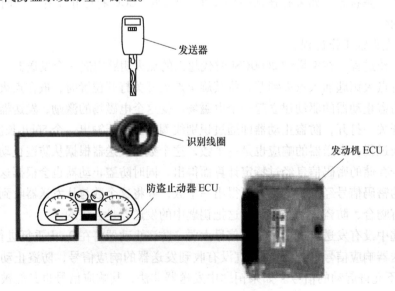

图 4-28 第二代防盗系统

①防盗止动系统固定码传输。点火开关打开，防盗止动器 ECU 向识别线圈发送能量，向钥匙提出质询。然后，钥匙发送回来它的固定码，首次匹配中这个固定码储存在防盗止动器中。传送的固定码与储存的码在防盗止动器中进行比较，如果相同则开始传送可变码。固定码是用来锁定钥匙的。

②防盗止动系统可变码传输。防盗止动器产生一随机码，这个码是钥匙和防盗止动器用于计算的基础。在钥匙内和防盗止动器内有一套公式列表（密码公式）以及一个相同且不可改写的 SKC（隐秘的钥匙代码）。在钥匙和防盗止动器中分别计算结果。钥匙发送结果给防盗止动器，防盗止动器把这个结果和自己的计算结果进行比较。如果相同，钥匙确认完成。这一步，第二代和第三代防盗系统相同。

③发动机 ECU 与防盗 ECU 之间可变码传输。发动机控制单元随机产生一变码并传送给防盗止动器。防盗止动器把这个码和存储的码进行比较。如果它们相同，发动机被允许起动。发动机控制单元每次起动后按照随机选定原则产生一变化的码，并把这个码储存在发动机控制单元和防盗止动器中，用于下次发动机起动时计算（第二代，由 W 线传输）。

④应急起动。只针对装备第二代防盗止动器的车辆。由于某种原因，防盗止动器使车不可起动。

操作：验证车主身份；获取本车 PIN；17—11—PIN—确认—故障警告灯一直亮—06—起动发动机。

说明：应急起动顺利完成后，只要 S 触点闭合，45min 内可随意起动发动机。S 触点断开，即拔下点火钥匙，只可在 5min 内起动发动机。

（3）第三代防盗系统

1）第三代防盗系统的结构组成。第三代防盗系统的结构组成如图 4-29 所示。

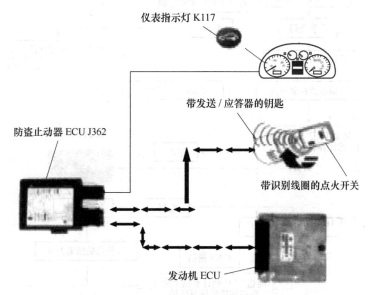

图 4-29　第三代防盗系统

2）第三代防盗系统的新增特点。

①发动机控制单元是防盗系统的一部分，不接受没有 PIN 的自适应。

②自适应后应答器（即钥匙）被锁止，不能再用于其他车辆。
③提供对第二代防盗器功能的支持。
④由 CAN 总线进行数据传递。

3）第三代防盗系统工作原理。
①固定码传输（从钥匙到防盗止动器）。
②可变码传输（从防盗止动器到钥匙）。
③可变码传输（从发动机控制单元到防盗止动器）。

4）防盗工作过程。
①防盗系统固定码传输（与第二代相同）。
②防盗系统可变码传输（与第二代相同）。
③可变码传输（发动机 ECU—防盗止动器 ECU）。发动机控制元随机产生一变码。在发动机控制单元和防盗止动器内有另一套密码公式列表和一个相同的 SKC（公式指示器）。防盗止动器返回这个计算结果到发动机控制单元内与其计算结果进行比较。这个数据由 CAN 总线进行传递。如果结果相同，发动机被允许起动。防盗系统工作流程示意图如图 4-30 所示。

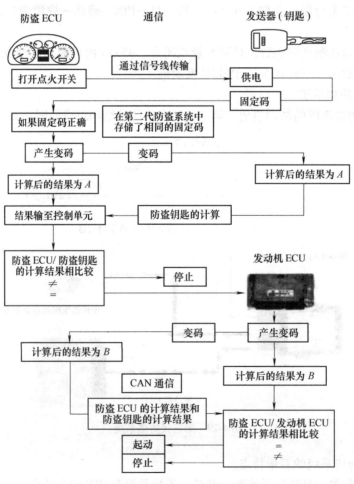

图 4-30　第三代防盗系统工作流程

（4）第四代防盗系统

功能形式与第三代防盗系统一致，并且具备了一整套电子控制装置。

1）第四代防盗系统的新增特点。

①Kessy 是一种遥控进入及起动许可系统，利用它可以在不操作遥控钥匙的情况下解锁或锁止汽车。为此只需有一把有效遥控钥匙在汽车的接近范围内，同时触摸车门拉手上的传感区或按压行李舱盖上的按钮。车外天线的探测范围约在各个操作位置（车门和尾门）周围 1.5m 内，探测高度在 0.1m 到 1.8m 之间。

②舒适关闭/打开是利用钥匙遥控关闭/打开车窗、天窗。

③激活回家车灯。

④车内监控、防侧倾装置通过防盗警报喇叭鸣叫、警告灯闪烁。

⑤第四代防盗系统的中央数据库 FAZIT（汽车信息查询和中央识别工具）内存有控制单元所有与防盗有关的数据，这些控制单元集成在"防盗器"和"元件保护"内。

2）第四代防盗止动系统组件与功能。

①汽车钥匙：插入电子点火开关触发起动、发送无线电起动中控锁系统、存储防盗数据、激活授权钥匙位置信号天线，包括机械式应急钥匙。

②电子点火开关 E415：车辆钥匙插入后锁止、汽车钥匙中数据读取。

③舒适系统控制单元 J393：防盗系统主要的控制单元。

④进入及起动许可控制单元 J518：激活进入及起动系统天线、读取车门门把手电容传感器状态、识别车门门把手被接触后唤醒车载电网控制单元 J519。

⑤电子转向柱控制单元 J764：锁止/解锁转向柱、读取钥匙的防盗数据。

⑥进入及起动许可天线：当系统识别到解锁或锁止请求之后，会开始搜寻车辆钥匙。系统会激活进入及起动许可的五根天线，搜索钥匙的位置是否在操作范围内。驾驶人侧进入及起动许可天线 R134 安装在左侧 B 柱区域地板；前排乘客侧进入及起动许可天线 R135 安装在右侧 B 柱区域地板；后保险杠内进入及起动许可天线 R136 安装在后防撞梁内；车内进入及起动许可天线 R138 安装在中央扶手舱下；行李舱内进入及起动许可天线 R137 安装在后排座椅下方。

⑦车门门把手传感器 E369、E370：当驾驶人手部靠近车门外把手时，车门外把手中传感器的电容发生变化。进入和起动授权系统控制单元识别到传感器的电容变化，并认为有人靠近车门外把手或者说有上车的意愿。

⑧应急应答线圈 D1：如果车钥匙内的电池没电、车内两个进入天线故障、进入/起动授权控制单元故障，可将钥匙贴在应急应答线圈上读取钥匙内防盗识读线圈，即可起动。

⑨遥控起动按钮 E408：按下起动按钮，点火开关接通，仪表点亮，再次按下起动车辆。

3）防盗工作过程。

图 4-31 所示为第四代防盗系统工作流程。

钥匙放入电子点火开关 E415 的 P1 位置，E415 中 P 触点断开，S 触点闭合，将 S 信号传输给转向柱控制单元 J527。

J527 收到信号后，通过舒适 CAN 系统把 S 信号传输给舒适控制单元 J393。

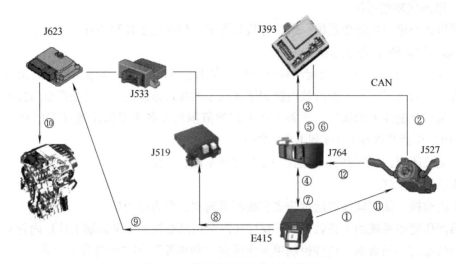

图 4-31　第四代防盗系统工作流程

J393 得到信号后通过串行总线唤醒转向柱锁控制单元 J764。

J764 收到唤醒信号后，通过 E415 中防盗锁止识读单元 D1 读取钥匙信号。

J764 收到钥匙信号再通过串行总线传递给 J393，判定钥匙是否合法（不合法将不会解锁转向盘锁）。

J393 判定钥匙合法后给 J764 供电，转向盘锁解锁。

J764 供电后，通过导线给 E415 的 P2、P3 触点供电。

钥匙在电子点火开关 E415 中向里按下 P2 位置，向车载电网控制单元 J519 供电，仪表指示灯点亮。

钥匙在电子点火开关 E415 中向里按下最后 P4 位置，向发动机控制单元 J623 发送 50 信号。

J623 收到起动信号，达到起动条件即可起动发动机。

拔出钥匙后，E415 中 P 触点闭合信号传递给 J527。

J527 得到信号后，从舒适 CAN 系统收到发动机熄火、车速为零信号，给 J764 转向盘锁止信号。

4）进入及起动许可系统工作过程。

遥控解锁/闭锁：通过前门拉手或行李舱盖上的按钮将汽车解锁/闭锁。起动车辆的条件：授权的钥匙在车内；转向柱解锁；点火开关在 ON 位置；踩下制动踏板。进入及起动许可系统工作流程如图 4-32 所示。

手放在车门把手后，车门把手传感器 E369、E370 把信号发送到起动、授权控制单元 J518 并唤醒。

J518 通过低频天线发出低频信号给钥匙、同时唤醒舒适 CAN 系统。

钥匙被低频信号激活后，发送高频信号给舒适系统控制单元 J393。

J393 通过对钥匙的认证后发送给 J518、车门控制单元解锁，车门解锁。

按下起动按钮 E408，将开关信号发给转向柱锁控制单元 J764。

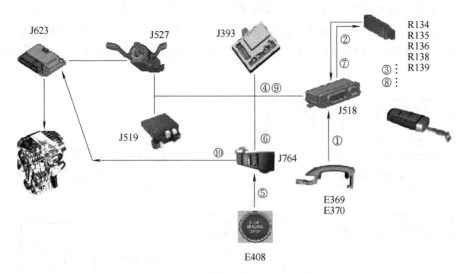

图 4-32 进入及起动许可系统工作流程

J764 通过舒适 CAN 系统发出验证请求给 J518。

J518 通过低频天线发出低频信号给钥匙。

钥匙被低频信号激活后，发送高频加密反馈信号给舒适系统控制单元 J393。

J393 对钥匙的防盗信息通过舒适 CAN 系统发送给 J764。

J764 验证防盗信息，通过后允许发动机起动。

5）第四代防盗系统的维修服务。

维修中如果不是处于在线联网状态，那么相关的控制单元就无法与中央数据库 FAZIT 进行自适应。所以在维修中所有与防盗系统相关的元件需要在线进行自适应，也可以通过专用的诊断仪登录用户管理经销商系统。授权后才能诊断查询。

在所有的 FAZIT 存取操作时，都要查询下述内容：车辆底盘号、用户姓名、用户身份证号、用户的国籍、技工的用户名、密码口令。

防盗系统所有元件在更换或匹配后都成为一种"新身份"，执行"新身份"。执行"Neue Identität"（新身份）时，中央数据库 FAZIT 将得到车辆系统执行新基本码编写请求，请求通过后经 FAZIT 在线匹配"释放"，车辆第四代防盗器内集成的所有控制单元上均获得一个新基本码。

新全车锁与车辆系统匹配前，首先要在铣钥匙机对全车锁（钥匙）进行基本编码，并将钥匙与订购车辆底盘号一起在 FAZIT 系统上登记，否则该套全车锁不能够进行匹配。钥匙在铣钥匙机上写入基本码后，只能同相应底盘号车辆进行匹配。

车辆钥匙最多可以有 8 个，所有的车钥匙（包括维修中钥匙配件）都在大众总部针对某一辆车编制了代码，并在机械钥匙片上铣出内槽，只能适配该车。

（5）第五代防盗系统

作为第四代防盗系统的升级版，进入及起动许可控制单元 J518 集成在舒适系统控制单元 J393 内，增加了防盗控制单元组件如自动变速器控制单元 J527。

第五代防盗系统在维修服务上与第四代系统基本一致，只是极大简化了使用诊断仪进行有关防盗器方面的工作程序，如更换防盗器元件以后的匹配。第五代防盗器中的许多操作步骤已更倾向于自动化，而且为了简化操作一些询问步骤已经删除。图4-33所示为第五代防盗系统。

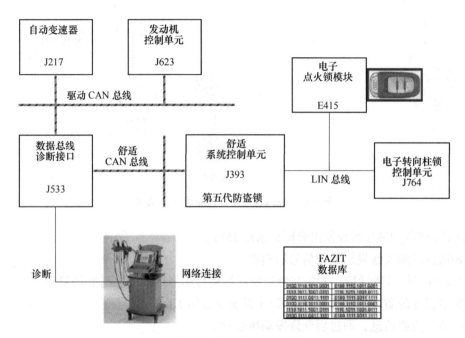

图4-33 第五代防盗系统

(6) 驾驶人识别指纹识别系统

指纹识别系统同起动车辆是同一过程。中央控制台有驾驶人身份识别控制单元J589，对输入的指纹的特征位置进行提取，传输到舒适系统控制单元J393进行认证是否合法。驾驶人需要在MMI中设置自己的指纹，倾斜角间距和划分出的角度之间的手指纹路系数将与划分角度的类型一起储存，如同匹配汽车钥匙的唯一性。驾驶人可以在MMI查看存储结果、用户信息。

系统会存储用户使用的个性化设置，下次认证成功后系统会自动执行用户的个性化设置，如座椅、后视镜和转向盘的位置，车内温度、湿度；车载多媒体（收音机、导航）；驾驶模式等。

二、汽车防盗系统电路的控制原理

1. 丰田威驰轿车防盗系统电路

控制电路如图4-34所示，主要组成有电源电路、各开关信号传感器电路以及执行器电路。当防盗系统检测到车辆被侵犯的信号时，系统警报器即会发出声音，警告灯闪烁，同时，切断起动继电器动作，切断起动电路，使汽车无法起动。

常电源电路：蓄电池电源→60A MAIN 熔丝→15A DOME 熔丝→防盗警报ECU的1号（+B）端子。

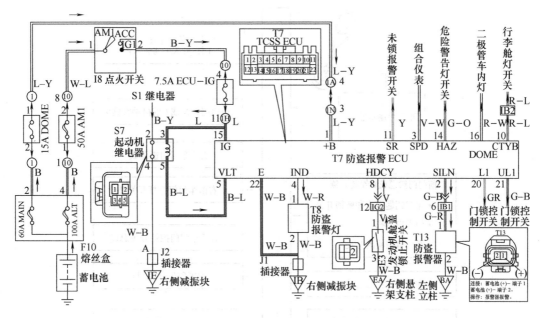

图 4-34 丰田威驰防盗系统电路

点火开关电源：蓄电池电源→100A ALT 熔丝→50A AM1 熔丝→点火开关 IG1 端子→7.5A ECU-IG 熔丝→防盗警报 15 号（IG）端子。

开关信号主要由发动机舱盖锁止开关、各车门锁开关以及行李舱锁开关等开关信号组成。当车辆被强制入侵时，防盗警报 ECU 控制警报器发出声音，警告灯闪烁，此为车辆报警状态。在此期间，如前门没有开锁或点火开关钥匙孔里没有钥匙，ECU 发出强制锁门的信号。终止强制门锁控制的条件为钥匙插入点火开关钥匙孔里。防盗警报 ECU 的 IND 及 SILN 为警报器控制端。

2. 丰田卡罗拉轿车防盗系统电路

卡罗拉防盗系统如图 4-35 所示。车门锁控制集中在主车身 ECU 中，系统包括主车身 ECU、车门控制接收器、防盗 ECU、安全指示灯、警报喇叭、车门联动解锁/锁止开关、驾驶人侧车门门锁总成（车门钥匙解锁/锁止开关、门锁电动机、车门解锁检测开关）、车门门控灯开关、行李舱门锁总成（行李舱门控灯开关、车门解锁电动机）。门锁电动机是直流电动机，通过改变电流方向，电动机的工作方向改变，控制车门锁块的闭锁移动，车门锁上后无法从外面打开。强行解锁任一车门或打开任一车门、发动机盖、行李舱盖，警报功能激活。该车防盗系统有四种防盗模式：解除警戒状态、警戒准备状态、警戒状态、警报鸣响状态。通过危险警告灯闪烁，车内照明点亮，警报喇叭、车辆喇叭 0.4s 间隔鸣响以阻止非法闯入和盗窃。

3. 大众迈腾防盗识别系统控制电路分析

大众迈腾防盗识别系统控制电路如图 4-36 所示：

该车配备电子点火开关，只需要将点火钥匙插入电子点火开关中按下，不需要拧动钥匙起动；同时有舒适开启/关闭（电动车窗、天窗、天窗遮阳卷帘）功能，由舒适系统中央控制单元 J393、电子点火开关 D9、电子转向柱锁 J764、转向柱控制单元 J527 组成。

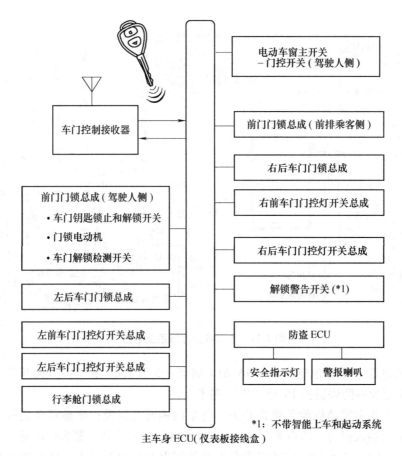

图 4-35 丰田卡罗拉汽车防盗系统

电子点火开关共有 5 个位置：P0 位置处于关闭状态；P1 位置是点火开关 S 触点闭合，转向盘随之解锁；P2 位置也就是空档，仪表上故障指示灯点亮；P3 位置是起动后保持空档状态；P4 位置是起动档位，按下去后起动机转，随后弹回 P3 位置。

钥匙放入到 D9 中后，P1 档时 S 触点闭合，S 触点闭合后给 J527 钥匙插入信号，J527 通过舒适 CAN 线把 S 触点闭合信号传送给 J393（在舒适 CAN 线系统中读取 S 触点信号），J393 得到该信号后又通过舒适 CAN 线给 J764 一个唤醒信号，J764 得到唤醒信号后给 D9 中的 D1 读取线圈供电，供电后读取钥匙识别信号，读取得到正确的钥匙信号通过 D1 导线传递给 J764，J764 得到信号后再通过舒适 CAN 线传递给 J393（J764 得到 D1 数据时不可以识别，只能传递给 J393 防盗单元识别），J393 判定该钥匙是否合法，钥匙不合法时转向柱不解锁。J393 判定钥匙合法后通过导线供电给 J764 解锁，解锁的同时 J764 给 D9 的供电线 T16f/8 脚供电，供电后 P2 档就可以形成 15 信号，车窗可以升降。

三、汽车防盗系统的检测

下面以丰田威驰轿车为例介绍汽车防盗系统的检测。

1. 指示灯电路的检查

（1）电路说明

学习情境四　中控门锁和防盗功能异常

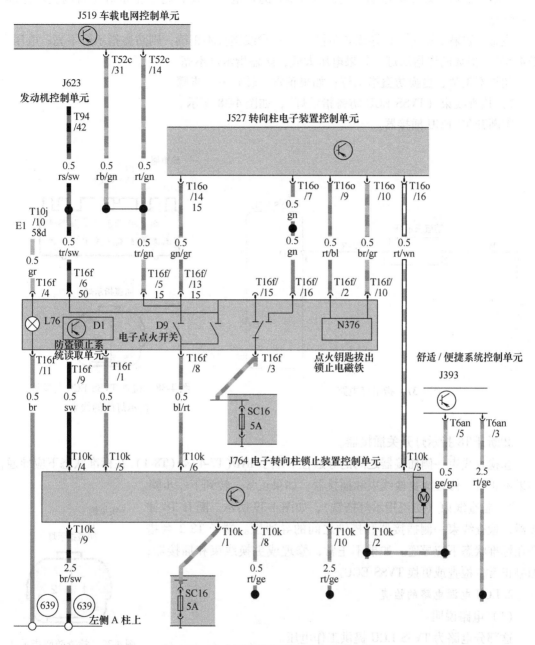

图 4-36　大众迈腾防盗识别系统控制电路

在选择功能模式或发射钥匙添加模式期间，TVSS ECU 导致防盗指示灯亮或闪烁。

（2）电路图

电路图如图 4-37 所示。

（3）检查程序

1）检查防盗指示灯。

①串联 3 节 1.5V 的干电池。

②给防盗指示灯插接器端子之间加 4.5V 的正电压，检查防盗指示灯是否闪亮。标准：指示灯亮。

注意：如果正极（+）导线和负极（-）导线连接不正确，则防盗指示灯不亮；电压高于 4.5V 将损坏防盗指示灯；如果电压太低，防盗指示灯不亮。

如果不正常，更换防盗指示灯；如果正常，转到下一步骤。

2）检查线束（TVSS ECU 防盗指示灯），如图 4-38 所示。

①断开 T7 ECU 插接器。

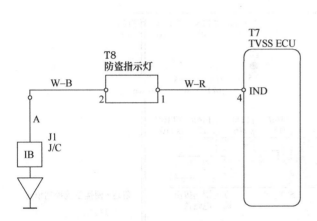

图 4-37　指示灯电路

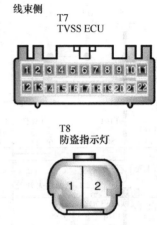

图 4-38　检查 TVSS ECU 与防盗指示灯间的线束

②断开 T8 指示灯开关插接器。

③检查线束一侧插接器之间的导通性。端子 IND（T7-4）⇔（T8-1）在标准状态下应导通；如果不正常，修理或更换线束和插接器；如果正常，转到下一步骤。

3）检查线束（防盗指示灯搭铁），如图 4-39 所示。断开 T8 插接器，检查线束一侧插接器和搭铁之间的导通性。端子 T8-2 ⇔ 搭铁在标准状态下应导通。如果不正常，修理或更换线束和插接器；如果正常，检查或更换 TVSS ECU。

2. ECU 电源电路的检查

（1）电路说明

这部分电路为 TVSS ECU 提供工作电压。

（2）电路图

电路如图 4-40 所示。

图 4-39　检查防盗指示灯与搭铁间的线束

（3）检查程序

1）从发动机舱接线盒上拆下 DOME 熔丝，检查熔丝，标准：导通。

如果不正常，更换熔丝；如果正常，转到下一步骤。

2）检查 TVSS ECU（电源），如图 4-41 所示。断开 T7 ECU 插接器，检查线束一侧连接和搭铁之间的电压。端子 +B（T7-1）⇔ 搭铁在标准状态下为 1~14V。

学习情境四 中控门锁和防盗功能异常

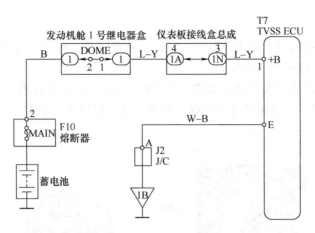

图 4-40 ECU 电源电路

如果不正常，修理或更换线束和插接器；如果正常，转到下一步骤。

3）检查 TVSS ECU（搭铁）（图 4-41）。断开 T7 ECU 插接器，检查线束一侧插接器和搭铁之间的导通性。端子 E（T7-22）⇔搭铁在标准状态下应导通。

如果不正常，修理或更换线束和插接器；如果正常，检查和更换 TVSS ECU。

3. 点火开关电路的检查

（1）电路说明

打开点火开关后，蓄电池正极电压加到 TVSS ECU 的端子 IG 上。

（2）电路图

电路图如图 4-42 所示。

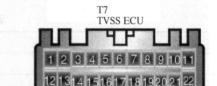

图 4-41 检查 TVSS ECU 电源与搭铁

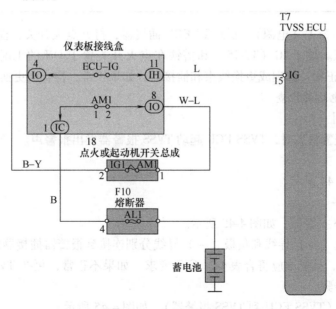

图 4-42 点火开关电路

83

(3) 检查程序

1) 从发动机舱接线盒上拆下 ECU-IG 熔丝，检查熔丝，标准：导通。如果不正常，更换熔丝；如果正常，转到下一步骤。

2) 检查点火或起动开关总成，如图 4-43 所示，其标准应符合表 4-20 所示要求。如果不正常，修理或更换点火或起动开关总成；如果正常，转到下一步骤。

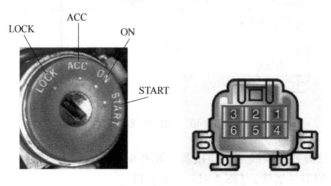

图 4-43　检查点火或起动开关总成

表 4-20　点火导通情况

端子号	条件	标准状态
—	LOCK	—
1⇔3	ACC	导通
1⇔2⇔3 5⇔6	ON	导通
1⇔2 4⇔5⇔6	START	导通

3) 检查 TVSS ECU（电源）。断开 T7 ECU 插接器，打开点火开关，检查线束侧插接器和搭铁之间的电压。端子 IG（T7-15）和搭铁在点火开关置于 ON 的工况下，标准电压为 10～14V。如果不正常，修理或更换线束和插接器；如果正常，检查或更换 TVSS ECU。

4. TVSS 报警电路的检查

(1) 电路说明

当系统进入报警状态时，TVSS ECU 起动 TVSS 报警器发出报警声。

(2) 电路图

电路图如图 4-44 所示。

(3) 检查程序

1) 检查 TVSS 报警器，如图 4-45 所示。

将蓄电池正极（+）导线和负极（-）导线分别连接到报警器插接器的端子 1 和 2 上，检查 TVSS 报警器，其标准应符合表 4-21 所示要求。如果不正常，更换 TVSS 报警器；如果正常，转到下一步骤。

2) 检查线束（TVSS ECU 到 TVSS 报警器），如图 4-45 所示。

学习情境四 中控门锁和防盗功能异常

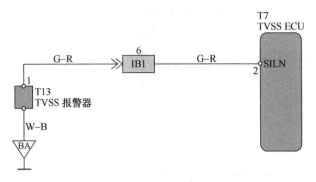

图 4-44 TVSS 报警电路　　　　　图 4-45 检查 TVSS 报警器

表 4-21 TVSS 报警器检查表

测量连接	操作
蓄电池正极（+）—端子 1	报警器报警
蓄电池正极（-）—端子 2	

①断开 T7 ECU 插接器。

②断开 T13 报警器插接器。

③检查线束一侧插接器之间的导通性，端子 SILN（T7-2）⇔（13-1）在标准状态下应导通。如果不正常，修理或更换线束和插接器；如果正常，转到下一步骤。

3）检查线束（TVSS 报警器与搭铁）（图 4-46）。

①断开 T13 报警器插接器。

②检查线束一侧插接器和搭铁之间的导通性，端子 T13-2 与搭铁在标准状态下应导通。如果不正常，修理或更换线束和插接器；如果正常，检查或更换 TVSS ECU。

5. 危险报警开关电路的检查

(1) 电路说明

当 TVSS 从警备状态切换到报警状态时，转向信号闪光器总成（危险警告灯继电器）接通，使危险警告灯开始闪烁。

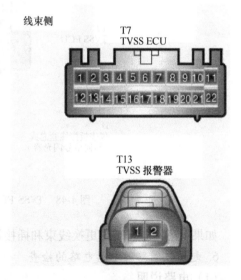

图 4-46 检查 TVSS 报警器与搭铁间的线束

(2) 电路图

电路如图 4-47 所示。

(3) 检查程序

1) 当按下危险警告信号开关时，危险警告灯应闪烁。如果不正常，检查危险警告系统；如果正常，转到下一步骤。

2) 检查线束（TVSS ECU 与转向信号闪光器），如图 4-48 所示。

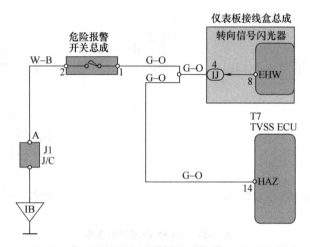

图 4-47 危险报警开关电路

①断开 T7 ECU 插接器。
②断开 I J 接线盒插接器。
③检查线束侧插接器之间的导通性，端子 HAZ(T7-14)⇔(IJ-4) 在标准状态下应导通。

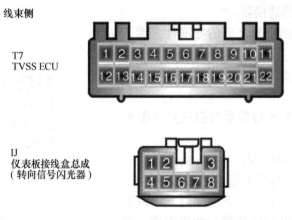

图 4-48 TVSS ECU 与转向信号闪光器连接器

如果不正常，修理或更换线束和插接器；如果正常，检查或更换 TVSS ECU。

6. 起动机断路继电器电路的检查

（1）电路说明

当 TVSS 工作时，TVSS ECU 控制起动机断路继电器，使起动机电路断路，发动机不能起动。

（2）电路图

电路如图 4-49 所示。

（3）检查程序

1）从发动机舱接线盒拆下 ECU-IG 熔丝，检查该熔丝，标准：导通。

如果不正常，更换熔丝；如果正常，转到下一步骤。

2）检查起动机断路继电器，如图 4-50 所示。

学习情境四 中控门锁和防盗功能异常

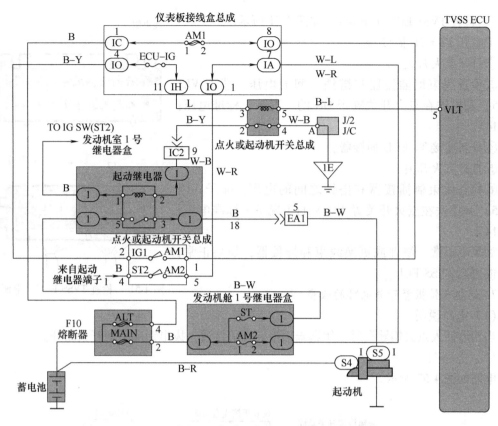

图 4-49 起动机断路继电器电路

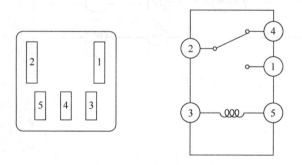

图 4-50 起动机断路继电器

①拆下起动机断路继电器。
②检查导通性,其标准应符合表 4-22 所示要求。
如果不正常,更换继电器;如果正常,转到下一步骤。

表 4-22 起动机断路继电器导通性表

端子号	条件	标准状态
2⇔4	常态	导通
3⇔5		
2⇔4	在端子 3 和 5 之间加 B+	不通

87

3）检查 TVSS ECU（电源），如图 4-51 所示。
①断开 T7 ECU 插接器。
②打开点火开关。
③检查线束侧插接器和搭铁之间的电压。端子 VLT（T7-5）和搭铁在点火开关置于 ON 的工况下，标准电压：10~14V。
④重新连接 T7 ECU 插接器。
⑤打开点火开关。
⑥检查线束侧插接器和搭铁之间的电压。端子 VLT（T7-5）⇔搭铁在点火开关置于 ON 的工况下，标准电压：10~14V。
如果不正常，修理或更换线束和插接器；如果正常，检查或更换 TVSS ECU。

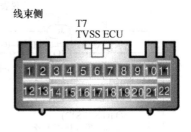
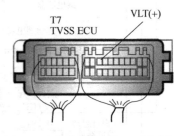

图 4-51　检查 TVSS ECU（电源）

7. 钥匙未锁报警开关电路的检查

(1) 电路说明

当钥匙插入点火钥匙孔时，钥匙未锁报警开关接通，拔出钥匙时则开关断开。

(2) 电路图

电路如图 4-52 所示。

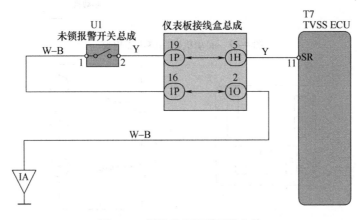

图 4-52　钥匙未锁报警开关电路

(3) 检查程序

1）检查钥匙未锁报警开关总成。检查开关插接器和搭铁之间的导通性，如图 4-53 所示，标准应符合表 4-23 所示要求。

如果不正常，更换钥匙未锁报警开关总成；如果正常，转到下一步骤。

表 4-23　开关插接器和搭铁之间的导通性表

端子号	条件	标准状态
1⇔2	开关压紧（钥匙插入）	导通
	开关松开（钥匙拔出）	不通

2）检查线束（TVSS ECU 与钥匙未锁报警开关），如图 4-54 所示。
①断开 T7 ECU 插接器。
②断开 U1 开关插接器。
③检查导线侧插接器之间的导通性，端子 SR（T7-11）⇔（U1-2）在标准状态下应导通。

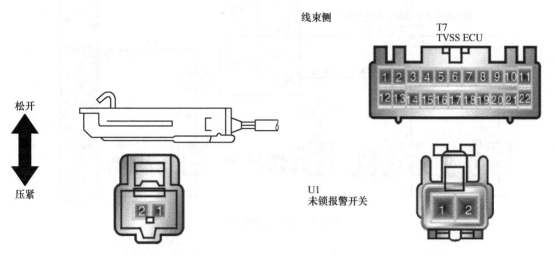

图 4-53　检查开关插接器和搭铁之间的导通性　　图 4-54　TVSS ECU 与钥匙未锁报警开关插接器

如果不正常，修理或更换线束和插接器；如果正常，转到下一步骤。

3）检查线束（钥匙未锁报警开关与搭铁），如图 4-54 所示。
①断开 U1 开关插接器。
②检查线束侧插接器和搭铁之间的导通性。端子 U1-1 与搭铁在标准状态下应导通。
如果不正常，修理或更换线束和插接器；如果正常，检查或更换 TVSS ECU。

8. 门控开关电路的检查
(1) 电路说明
当车门打开时，门控开关接通，关上车门，则开关断开。
(2) 电路图
电路如图 4-55 所示。
(3) 检查程序
1）检查门控开关。检查开关插接器和搭铁之间的导通性，如图 4-56 所示，其标准应符合表 4-24 所示要求。如果不正常，更换门控灯开关；如果正常，转到下一步骤。

表 4-24　开关插接器和搭铁之间的导通性表

端子号	条件	标准状态
1⇔搭铁	开关压下	不通
	开关松开	导通

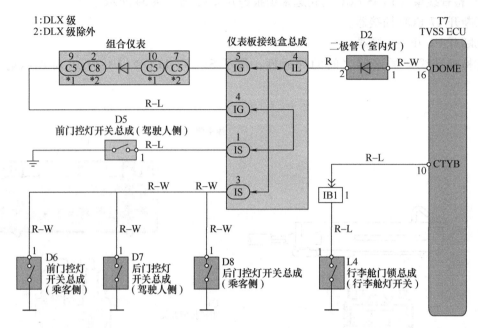

图 4-55 门控开关电路

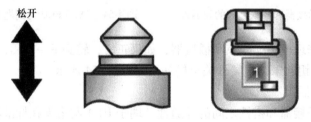

图 4-56 门控开关插接器

2）检查 TVSS ECU（CTY 电压）。

①断开 T7 ECU 插接器。

②检查线束侧插接器和搭铁之间的导通性，应符合表 4-25 所示要求。

表 4-25 开关插接器和搭铁之间的导通性表

端子号	条件	标准状态
DOME（T7-16）⇔E（T7-22）	驾驶人侧车门全开→打开	导通→不通
	前排乘客侧车门全开→打开	
	右侧后车门全关→打开	
	左侧后车门全关→打开	

注意：车门开锁或车门打开又关上后，TVSS ECU 使 DOME 灯亮 3s，为车内提供照明。因此，T7 ECU 插接器的端子 16 是 0V。如果不正常，修理或更换线束和插接器；如果正常，转到下一步骤。

3）检查线束（TVSS ECU ⇔ 行李舱门锁总成），如图4-57所示。

①断开T7 ECU插接器。

②断开L4门锁插接器。

③检查线束侧插接器的导通性，端子CTYB（T7-10）⇔（L4-2）在常态下应导通。

如果不正常，修理或更换线束和插接器；如果正常，检查或更换TVSS ECU。

9. 车门钥匙上锁和开锁开关电路的检查

（1）电路说明

车门钥匙上锁和开锁开关位于门锁电动机内。

（2）电路图

电路如图4-58所示。

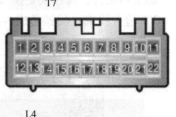

图4-57 TVSS ECU与行李舱门锁插接器

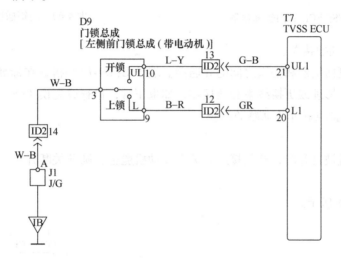

图4-58 车门钥匙上锁和开锁开关电路

（3）检查程序

1）检查门锁总成。如果不正常，更换门锁总成；如果正常，转到下一步骤。

2）检查线束（TVSS ECU ⇔ 门锁总成），如图4-59所示。

①断开T7 ECU插接器。

②断开D9门锁插接器。

③检查线束侧插接器和搭铁之间的导通性，其标准应符合表4-26所示要求。

表4-26 线束侧插接器和搭铁之间的导通性

符号（端子号）	标准状态
UL1（T7-21）⇔UL（D9-10）	导通
U1（T7-2）⇔L（D9-9）	导通

如果不正常，修理或更换线束和插接器；如果正常，转到下一步骤。

3）检查线束（门锁总成⇔搭铁），如图 4-60 所示。

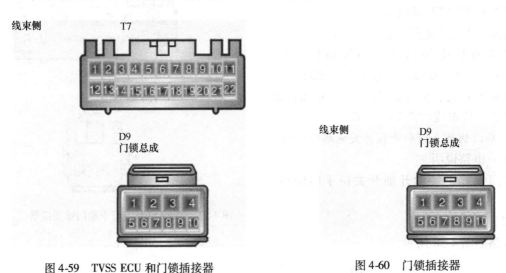

图 4-59　TVSS ECU 和门锁插接器　　　　图 4-60　门锁插接器

①断开 D9 门锁插接器。

②检查线束侧插接器和搭铁之间的导通性。端子 E(D9-7)⇔搭铁在标准状态 F 应导通。

如果不正常，修理或更换线束和插接器；如果正常，检查或更换 TVSS ECU。

10. 发动机舱盖控制开关电路的检查

（1）电路说明

当发动机舱盖被打开时，开关接通，关上发动机舱盖，则开关断开。

（2）电路图

电路如图 4-61 所示。

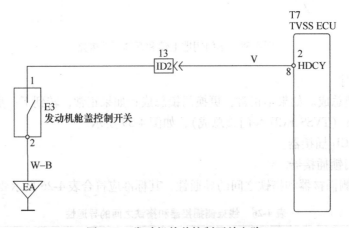

图 4-61　发动机舱盖控制开关电路

（3）检查程序

1）检查发动机舱盖控制开关，如图 4-62 所示。检查开关插接器和搭铁之间的导通性，其标准应符合表 4-27 所示要求。如果不正常，修理或更换发动机舱盖控制开关；如果正常，转到下一步骤。

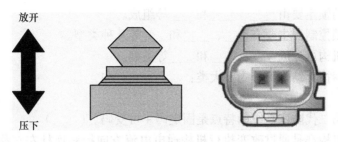

图 4-62　发动机舱盖控制开关

表 4-27　开关插接器和搭铁之间的导通性

端子号	条件	标准状态
1⇔2	放开（开）	导通
	压下（关）	不通

2）检查线束（TVSS ECU ⇔ 发动机舱盖控制开关），如图 4-63 所示。

① 断开 T7 ECU 插接器。

② 断开 E3 开关插接器。

③ 检查线束侧插接器之间的导通性，端子 HDCY（T7-8）⇔ E（3-1）在标准状态下应导通。

如果不正常，修理或更换线束和插接器；如果正常，转到下一步骤。

3）检查线束（发动机舱盖控制开关和搭铁）（图 4-63）。

① 断开 E3 开关插接器。

② 检查线束侧插接器和搭铁之间的导通性，端子 E（3-2）⇔ 搭铁在标准状态下应导通。

如果不正常，修理或更换线束和插接器；如果正常，检查或更换 TVSS ECU。

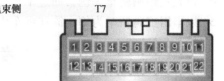

图 4-63　TVSS ECU 与发动机舱盖控制开关插接器

小　结

本学习情境主要是让学生掌握汽车中控门锁和防盗系统的工作原理，会操作汽车中控门锁和防盗系统，会使用检测工具及仪器检测基本的元器件，能进行中控门锁和防盗系统的拆卸与安装，能通过电路分析、诊断仪器诊断汽车中控门锁和防盗系统的电路故障。

习 题

一、填空题

1. 汽车中控门锁主要由____、____和____等组成。
2. 常见的门锁控制器主要有____、____和____等几种类型。
3. 门锁执行机构可分成____、____和____等类型。
4. 汽车防盗器按其结构可分为三大类：____、____和____。

二、判断题

1. 大众车系第二代防盗系统的特点是固定码+可变码。（　　）
2. 门锁执行机构都是通过改变执行机构通电电流方向控制连杆左右移动的，实现门锁的锁止和开启。（　　）
3. 大众车系第三代防盗系统无发动机控制单元防盗。（　　）

三、问答题

1. 简述汽车中控门锁和防盗系统的功能。
2. 以丰田威驰轿车为例，简述中控门锁和防盗系统电路的工作原理。
3. 以丰田卡罗拉轿车为例，简述中控门锁和防盗系统电路的工作原理。
4. 以大众迈腾轿车为例，简述中控门锁和防盗系统电路的工作原理。
5. 以丰田威驰轿车为例，简述汽车中控门锁和防盗系统故障的诊断方法。

考 核 工 单

汽车门锁考核工单

序号	考核项目		配分	评分标准（每项累计扣分不超过配分）
1	安全文明否决			造成人身、设备重大事故，或恶意顶撞考官、严重扰乱考场秩序，立即终止考试，此题计0分
2	工量具的选择及正确使用		15分	(1) 不能正确选择工量具，每次扣3分 (2) 不能正确使用工量具，每次扣5分
3	线路及控制开关的检测	控制线路检测（选定一扇车门）	35分	(1) 不检测电源线，扣8分 (2) 不检测搭铁线，扣8分 (3) 不通过连接线检测电动机的阻值，扣10分 (4) 不检测门锁开关控制线，扣10分 (5) 检测方法不正确，每次扣5分；导致短路，扣20分 (6) 不能判断检测结果，每次扣10分
		控制开关的检测	30分	(1) 不检测主控开关"锁"位置的导通性，扣8分 (2) 不检测开关"开"位置的导通性，扣8分 (3) 不检测钥匙控制开关"锁"位置的导通性，扣8分 (4) 不检测钥匙控制开关"开"位置的导通性，扣8分 (5) 检测方法不正确，扣5~30分 (6) 不能判断检测结果，每次扣5分

(续)

序号	考核项目	配分	评分标准（每项累计扣分不超过配分）
4	安全文明生产	20分	（1）不穿工作服扣1分，不穿工作鞋扣1分，不戴工作帽扣1分 （2）不安装车漆表面防护布（罩）扣1分，不安装车内座椅防护套、转向盘套、变速杆套、地板衬垫每项扣0.5分 （3）工量具与零件混放，或摆放凌乱，每次每处扣1分 （4）发动车辆不接尾气排放管，每次扣1分 （5）不放置三角木，扣1分 （6）工量具或零件随意摆放在地上，每次扣1分 （7）垃圾未分类回收，每次扣1分 （8）竣工后未清理工量具，每件扣1分 （9）竣工后未清理操作过程中手接触过的车漆表面，每处扣1分 （10）竣工后未清理考核场地，扣2分 （11）不服从考官、出言不逊，每次扣3分
5	合计	100分	

学习情境五
安全气囊警告灯常亮

学习目标：

1. 知识目标

（1）了解汽车被动安全系统的作用与构造

（2）掌握汽车被动安全系统的工作原理

2. 能力目标

（1）能够维护汽车被动安全系统

（2）会识读汽车被动安全系统的电路图

（3）能够诊断汽车被动安全系统的故障并进行维修

职业情境描述

客户反映：汽车起动后，SRS警告灯常亮，要求给予维修。

根据客户描述的汽车起动后，SRS警告灯常亮的故障现象初步判断，可能是安全气囊系统电路或安全气囊系统部件的故障。经检测，转向盘螺旋形电缆上安全气囊系统电路损坏，需要更换新的转向盘螺旋形电缆。

工作任务一　汽车安全气囊系统的认知

一、安全气囊系统的分类与位置

1. 安全气囊系统的分类

按照保护对象的不同来分：

（1）驾驶人防撞安全气囊

驾驶人防撞安全气囊装在转向盘上，按体积的大小分为两种。

一种是考虑到驾驶人没有佩带座椅安全带时汽车相撞，其体积较大，约60L。

另一种是设定驾驶人佩带座椅安全带而设计的，其体积较小，约40L。日系汽车的安全气囊即属于此类，近年来，由于安全气囊的生产成本下降，日系汽车防撞安全气囊规格有所提高。如本田的驾驶人防撞安全气囊的体积为60L。国内安全气囊保护系统以后一种为主。

（2）前排乘员防撞安全气囊

由于乘员在车内位置不固定，为保护其撞车时免受伤害，设计的防撞安全气囊也较大，有两种规格：一种约160L左右，另一种约75L左右（后者考虑了乘员受座椅安全带的约束）。

(3) 后排乘员防撞安全气囊

装在前排座椅，主要用于后排乘员的碰撞防护。

(4) 侧面防撞安全气囊

侧面安全气囊是安装在座椅外侧的，目的是减缓侧面撞击造成的伤害。侧气囊一般分为前排侧气囊和后排侧气囊。

2. 丰田卡罗拉电子控制被动安全系统位置

丰田卡罗拉被动安全系统位置如图 5-1 所示。

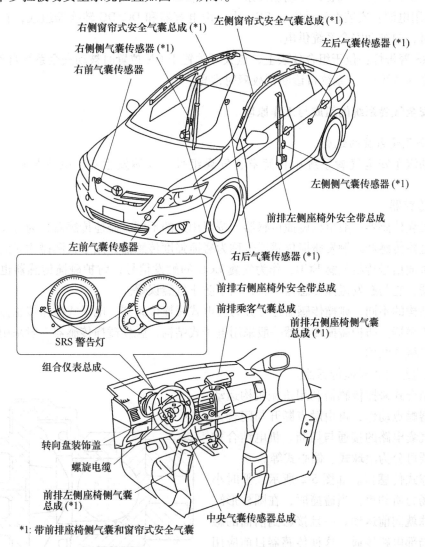

图 5-1　丰田卡罗拉被动安全系统位置图

1) 前气囊传感器：安装在左右侧散热支架上，使用的是电子减速度传感器，用于检测车辆正面碰撞时的减速度，目的是使系统更精确计算初期碰撞程度。

2) 侧气囊传感器：安装在左右两侧中柱的底部，使用的是电子减速度传感器，用于检测车辆前部侧面碰撞时的减速度，目的是使系统更精确计算初期碰撞程度。

3）后气囊传感器：安装在左右两侧后柱上，使用的是电子减速度传感器，用于检测车辆后侧碰撞时的减速度，目的是使系统更精确计算初期碰撞程度。

4）中央气囊传感器（减速度传感器）：安装在被动安全 ECU 中。

5）被动安全 ECU：安装在仪表板下的中央地板上，由减速度传感器、安全传感器、点火控制电路和诊断电路组成。它接收减速度传感器、前气囊传感的信号，控制驾驶人和前排乘客侧安全带预紧器并进行系统自诊断。当出现事故时，根据接收到的信号确定激活前排座椅侧气囊、窗帘式安全气囊，控制燃油泵停止工作。

6）备用电源：安装在被动安全 ECU 中。由电容器和 DC/DC 转换器组成，在车辆电源电压过低时，向被动安全系统供电。

7）SRS 警告灯：位于组合仪表上，点火开关置于 ON 位置时被动安全系统自诊断，SRS 警告灯点亮 6s 后熄灭。系统自诊断到故障时常亮。

二、安全气囊系统的组成与工作原理

1. 安全气囊系统的组成

常用的汽车安全气囊系统由传感器、气囊组件、气体发生器、电控装置（ECU）等组成。

（1）传感器

安全气囊传感器一般也称碰撞传感器，按照用途的不同，碰撞传感器分为触发碰撞传感器和防护碰撞传感器。触发碰撞传感器也称为碰撞强度传感器，用于检测碰撞时的加速度变化，并将碰撞信号传给气囊 ECU，作为气囊 ECU 的触发信号；防护碰撞传感器也称为安全碰撞传感器，它与触发碰撞传感器串联，用于防止气囊误爆。

按照结构的不同，碰撞传感器还可分为机电式碰撞传感器、电子式碰撞传感器以及汞开关式碰撞传感器。防护碰撞传感器一般采用电子式结构，触发碰撞传感器一般采用机电结合式结构或机械式结构。

1）机电结合式碰撞传感器。

机电结合式碰撞传感器利用机械机构运动来控制电器触点动作，再由触点断开与闭合来控制安全气囊电路的接通与切断。机电结合式碰撞传感器可分为滚球式、偏心式等。

①滚球式传感器。如图 5-2 所示，平时小钢球被磁场力所约束。当碰撞时，在圆柱形缸套内小钢球就向前运动。一旦接触到前面的触点，则将局部电路接通。这种传感器目前应用很广，可以检测各种撞击信号。

②偏心式传感器。如图 5-3 所示，偏心式传感器为具有偏心转动质量的机电式加速度传感器，由外壳、偏心转子、偏心重块、旋转触点与固定触点、螺旋弹簧等构成。偏心式传感器的外侧装有一个电阻，做自检之用，检测传感器总成与其之间的线路是否开路或短路。当汽车正常行驶时，偏心转子和偏心重块被螺旋

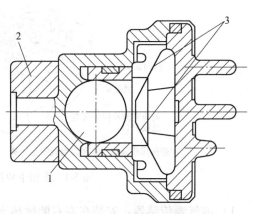

图 5-2　滚球式传感器
1—小钢球　2—磁铁　3—触点

弹簧拉回,处于平衡状态,此时转子上安装的旋转触点与固定触点不接触。当车辆受到正面碰撞且速度达到设定值时,由于偏心重块惯性的作用,使偏心重块连同偏心转子和旋转触点一起转动,旋转触点与固定触点发生接触,从而向 ECU 发出闭合电路信号。

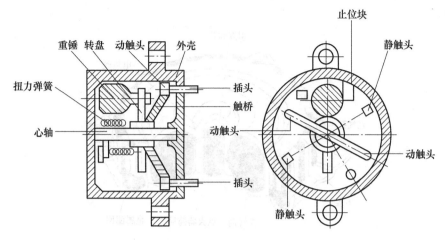

图 5-3 偏心式传感器结构

2)电子式碰撞传感器。

电子式加速度计对汽车正向减速度进行连续测量,并将测量结果输送给 ECU,ECU 内有一套复杂的碰撞信号处理程序,能够确定气囊是否需要膨开。若需要气囊膨开,ECU 便会接通点火电路,安全传感器同时也闭合,则引发器接通,气囊膨开。

3)汞开关式碰撞传感器。

汞开关式碰撞传感器利用汞导电良好的特性制成,一般用作安全传感器。汞开关式碰撞传感器的结构如图 5-4 所示。当汽车发生碰撞时,减速度将使汞产生惯性力,惯性力在汞运动方向上的分力将汞抛向传感器电极,使两个电极接通,从而接通安全气囊点火器电路的电源。

(2)气囊组件

气囊组件主要由气体发生器、点火器、气囊、饰盖和底板等组成。驾驶人侧气囊组件位于转向盘中心处,乘客侧气囊组件位于仪表板右侧杂物箱上方。

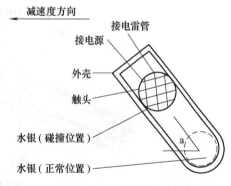

图 5-4 汞开关式碰撞传感器结构

1)气体发生器。气体发生器又称充气泵或充气器,其作用是在点火器引燃点火剂后,将产生的气体充入气囊,使气囊膨开。气体发生器的结构如图 5-5 所示。气体发生器由上盖、下盖、充气剂(叠氮化钠固体药片)和金属滤网组成。气体发生器壳体由上盖和下盖两部分组成。上盖上制有若干个长方形或圆形充气孔。下盖上制有安装孔,以便用专用螺栓和专用螺母固定在气囊支架上,装配时只能用专用工具进行装配。上盖与下盖压成一体,壳体内装有充气剂、滤网和点火器。金属滤网安装在气体发生器的内表面,用以过滤充气剂和点火剂燃烧时所产生的渣粒。气体发生器将利用热效应所产生的氮气充入气囊。在点火器引爆点火剂瞬间，点火剂会产生大量热量，叠氮化钠药片受热立即分解，产生氮气并从充气孔充入气囊。虽然氮气是无毒气体，但是叠氮化钠的副产物有少量的氢氧化钠和碳酸氢钠（白色粉末）。这些物质是有害的，因此在清洁膨胀后的气囊时，应保持良好的通风并采取防护措施。

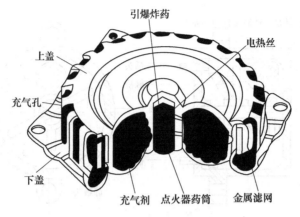

图5-5　气体发生器的结构

2）点火器。点火器外包铝箔，安装在气体发生器内部中央位置。其功用是根据安全气囊ECU的指令引爆点火剂，产生热量使充气剂分解。点火器的结构如图5-6所示，主要由引爆炸药、药筒、引药、电热丝、电极和引出导线等组成。

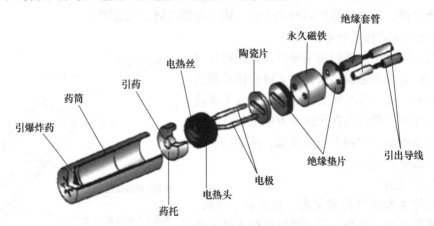

图5-6　点火器的结构

点火器的所有部件均装在药筒内。引出导线与气囊插接器插头连接，插接器（一般为黄色）中设有短路片（铜质弹簧片）。当插接器插头拔下或插头与插座未能完全接合时，短路片将两根引线短接，防止静电或误通电将电热丝电路接通，从而避免使点火剂引爆而导致气囊误开。

3）气囊。气囊按布置可分为驾驶人侧气囊、前排乘客侧气囊、后排气囊、侧面气囊和顶部气囊等。按照大小可分为保护整个上身的大型气囊和保护面部的小型护面气囊。护面气囊成本低，但一定要和座椅安全带配合使用才能有保护作用。

气囊用聚酰胺织物制成，内层涂有聚氯丁二烯，用以密闭气体。气囊在静止状态时，是折叠在一起的,安放在气体发生器上部与气囊装饰盖之间。气囊装饰盖表面压有撕印,以便气囊充气时撕裂装饰盖。汽车发生碰撞时,安全气囊一般在碰撞发生 10ms 内开始充气。从开始充气到气囊完全膨开的整个充气时间约为 30ms。当驾驶人在惯性力作用下压到气囊上时,气囊便从其背面或顶部的排气孔排气,持续时间不到 1s,从而吸收驾驶人与气囊碰撞的动能,降低人体所受到的冲击伤害。

4)饰盖和底板。饰盖是气囊组件的盖板,上面模制有撕缝,以便气囊能冲破饰盖膨开。气囊和充气器装在底板上,底板装在转向盘或车身上,气囊膨开时,底板承受气囊的反力。

(3)安全气囊指示灯

安全气囊指示灯位于仪表板上,接通点火开关时,诊断单元对系统进行自检,若点亮 6s 后熄灭,表示安全气囊系统正常;若点亮 6s 后仍不熄灭,表示安全气囊系统有故障,提示驾驶人应进行维修。

(4)安全气囊 ECU

安全气囊 ECU 由逻辑控制模块 CPU、只读存储器 ROM、随机存储器 RAM、I/O 接口、驱动器等电子电路组成,同时,安全气囊 ECU 内部还有安全传感器、备用电源、稳压电路和故障自诊断电路等,如图 5-7 所示。

安全气囊 ECU 是安全气囊系统的控制中心,其功用是接收碰撞传感器及其他各传感器输入的信号,判断是否点火引爆气囊充气,并对系统故障进行自诊断。

安全气囊 ECU 还要对控制组件中关键部件的电路(如传感器电路、备用电源电路、点火电路、SRS 指示灯及其驱动电路)不断进行诊断测试,并通过 SRS 指示灯和存储在存储器中的故障码来显示测试结果。

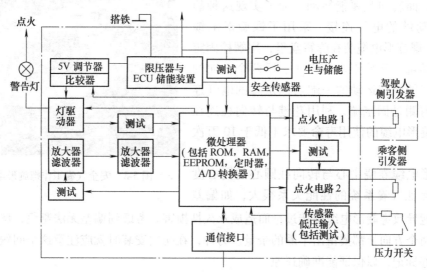

图 5-7 安全气囊 ECU 的结构

1)信号处理电路。信号处理电路主要由放大器和滤波器组成。其功用是对传感器检测到的信号进行整形、放大和滤波,以便 SRS ECU 能够接收、识别和处理。

2)备用电源电路。安全气囊系统有两个电源:一个是汽车电源(蓄电池和交流发电机）；另一个是备用电源（Backup Power）。备用电源又称为后备电源或紧急备用电源。备用电源电路由电源控制电路和若干个电容器组成。

备用电源的功用是：当汽车电源与 SRS ECU 之间的电路切断后，在一定时间（一般为 6s）内，维持安全气囊系统供电，保持安全气囊系统的正常功能。当汽车遭受碰撞而导致蓄电池和交流发电机与 SRS ECU 之间的电路切断时，ECU 备用电源能在 6s 之内向 ECU 供给电能，保持电脑测出碰撞、发出点火指令等正常功能；点火备用电源能在 6s 之内向点火器供给足够的点火能量引爆点火剂，使充气剂受热分解给气囊充气。时间超过 6s 之后，备用电源供电能力降低，ECU 备用电源不能保证 ECU 测出碰撞和发出点火指令；点火备用电源不能供给最小点火能量，SRS 气囊不能充气膨开。

3）保护电路和稳压电路。在汽车电器系统中，许多电器部件带有电感线圈，电器开关琳琅满目，电器负载变化频繁。当线圈电流接通或切断、开关接通或断开、负载电流突然变化时，都会产生瞬时脉冲电压，即过电压，这些过电压如果加到安全气囊系统电路上，系统中的电子元件就可能因电压过高而导致损坏。为了防止安全气囊系统元件遭受损害，SRS 控制模块中必须设置保护电路。同时，为了保证汽车安全气囊系统能够正常工作，还必须设置稳压电路。

(5) 安全气囊系统线束与保险机构

1）电气连接线束。安全气囊系统的所有线束都套装在黄色的波纹管内，并与车颈线束连成一体，以便于区别。这一方面是为了便于检查，另一方面是为了保证在碰撞中能保持线路的连接。

2）螺旋形电缆。由于驾驶人侧气囊是装在转向盘上的，而转向盘要能转动，为了实现这种静止端与活动端的电气连接，采用了螺旋形电缆（图 5-8）。螺旋形电缆装在弹簧盘里，用螺栓固定在转向柱顶部。螺旋形电缆以正、反两个方向的盘绕实现了做旋转运动的一端与固定端的电气连接。电缆内侧是固定端，利用花键与转向柱连在一起。螺旋形电缆的使用寿命要求不低于 10 万次循环。

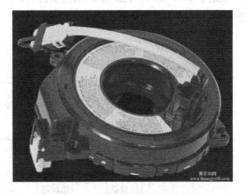

图 5-8　安全气囊工作螺旋形电缆

螺旋形电缆卷绕中心与转向柱圆心的同心度对于能否保证气囊系统的性能关系很大，如偏差过大，可能导致螺旋形电缆旋转过量而造成永久性损害。考虑到偏差无法避免，螺旋形电缆在正、反两个方向上都要留出半圈的余量。另外，在初次安装时就应注意这个问题。每次拆卸均应做好标记，以保证能准确还原。

3）插接器。气囊系统的插接器特别强调可靠性，采取了双保险锁定和分断自动短接等措施。插接器分断后，引发器的电源端和搭铁线端会自动短接，防止因误通电或静电造成引发器误触发。

连接 ECU 的插接器还多了一个自检机构，如接合不良会给安全气囊指示灯发出信号，使它常亮。

4）保险机构。

①防止 SRS 误爆机构。如图 5-9 所示，从 SRS ECU 至 SRS 点火器之间的插接器 2、5、8 均采用了防止气囊误爆的短路片机构。当插接器拔下时，短路片自动将靠 SRS 点火器一侧的插头或插接器两个引线端子短接，如图 5-10 所示。

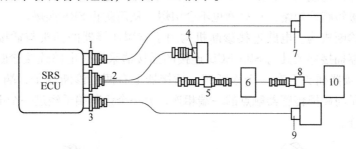

图 5-9　丰田卡罗拉轿车安全气囊系统插接器
1、2、3—ECU 插接器　4—SRS 电源插接器　5—中间线束插接器　6—螺旋线束
7—右碰撞传感器插接器　8—气囊组件插接器　9—左碰撞传感器插接器　10—点火器

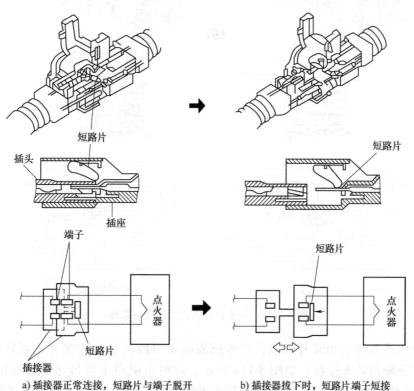

a) 插接器正常连接，短路片与端子脱开　　b) 插接器拔下时，短路片端子短接

图 5-10　防止气囊误爆机构的结构与原理

防止 SRS 误爆机构可以防止静电或误通电将电热丝电路接通而造成气囊误膨开。插接器短路片有的设置在插头上，有的设置在插接器上，但短路片必须靠近 SRS 点火器一侧，其作用效果完全相同。

在图 5-10 中，短路片设在插接器上。当插头与插接器正常连接时，插头的绝缘壳体将短路片向上顶起，如图 5-10a 所示；短路片与插接器端子脱开，插头的引线端子与插接器的引线端子接触良好，点火器电热丝电路的"+"端与安全传感器电路接通，"-"端与前碰撞传感器电路接通，电热丝电路处于正常连接状态。

当插头与插接器脱开时，短路片自动将气囊点火器一侧插接器的引线端子短接，使点火器的电热丝与短路片构成回路，如图 5-10b 所示。此时即使将电源加到气囊点火器一侧插接器上，由于电源被短路片短路，点火器也不会引爆，从而防止 SRS 误爆。

②电路连接诊断机构。电路连接诊断机构用于监测插接器的插头与插接器是否连接可靠。前碰撞传感器插接器及其与 SRS ECU 连接的插接器采用了电路连接诊断机构，结构如图 5-11 所示。插接器插头上有一个诊断销，插接器上有两个诊断端子，端子上有弹簧片。其中一个诊断端子与碰撞传感器触点的一端相连，另一个诊断端子经过一个电阻与碰撞传感器触点的一端相连。

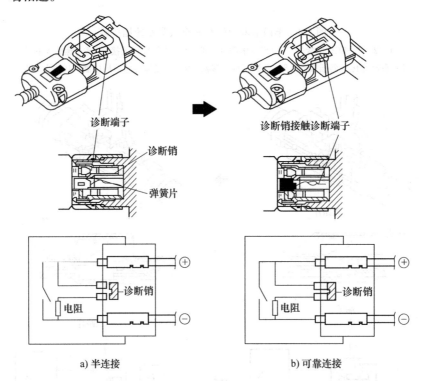

图 5-11　电路连接诊断机构结构与原理

前碰撞传感器触点为常开触点，当传感器插头与插接器半连接（未可靠连接）时，诊断端子与诊断销尚未接触，如图 5-11a 所示；此时电阻尚未与传感器触点构成并联电路，插接器引线"+"与"-"之间的电阻为无穷大。因为"+""-"引线与 SRS ECU 插接器 1 或 3 的插头连接，所以当 ECU 监测到碰撞传感器的电阻为无穷大时，即诊断为插接器连接不可靠，自诊断电路便控制 SRS 指示灯闪亮报警，同时将故障编成代码储存在存储器中。

当传感器插头与插接器可靠连接时，诊断端子与诊断销可靠接触，如图 5-11b 所示，此时电阻与碰撞传感器触点并联。因为传感器触点为常开触点，所以当 SRS ECU 检测到的阻值为该并联电阻的阻值时，即诊断为插接器连接可靠。

③插接器双重锁定机构。安全气囊系统在线束的重要连接部位上，其插接器采用了双重锁定机构，用于锁定插接器插头与插接器，防止插接器脱开，其结构如图 5-12 所示。插接器插头上有主锁和两个凸台，插接器上有锁柄能够转动的副锁。当主锁未锁定时，插头上的两个凸台阻止副锁锁定，如图 5-12a 所示；当主锁完全锁定时，副锁锁柄方能转动并锁定，如图 5-12b 所示；当主锁与副锁双重锁定后，插接器插头与插接器的连接状态如图 5-12c 所示，从而防止插接器插头与插接器脱开。

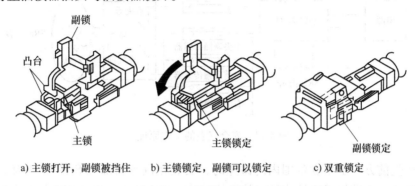

图 5-12　插接器双重锁定机构

④端子双重锁定机构。安全气囊系统的每一个插接器都没有双重锁定机构，用于防止引线端子滑动。双重锁定机构主要由插接器壳体上的锁柄与分隔片组成，如图 5-13 所示。锁柄为一次锁定机构，可防止端子沿引线轴线方向滑动；分隔片为二次锁定机构，可防止端子沿引线径向移动。

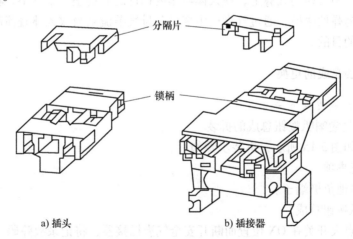

图 5-13　端子双重锁定机构

2. 安全气囊系统的工作原理

以汽车中轴线为基准左右 30°范围内，以不低于 40km/h 的速度撞上与本车体积相近的可移动物体，或者以 25km/h 的速度撞上不可移动物体，这时汽车安全气囊都应该动作弹出。超出这个范围则不应该动作，比如汽车被追尾、侧翻、侧面被撞击或者速度达不到等，否则属于安全气囊故障。当汽车遭受正面碰撞和侧面碰撞时，安全气囊系统的工作原理完全相同。以图 5-14 正面碰撞为例，说明安全气囊系统控制原理。

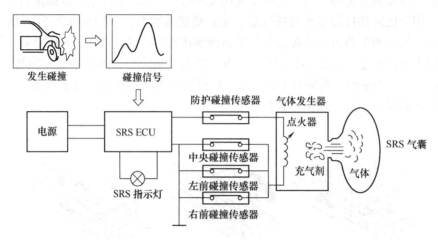

图 5-14 安全气囊的工作原理

当汽车遭受前方一定角度范围内的碰撞时，安装在汽车前部和 SRS ECU 内部的碰撞传感器都会检测到汽车突然减速的信号，并将信号输入 SRS ECU，以便判断是否发生碰撞。当汽车遭受碰撞且减速度达到设定值时，SRS ECU 发出控制指令将气囊组件中的点火器（电雷管）电路接通，电雷管引爆使点火剂（引药）受热爆炸（即电热丝通电发热引爆炸药）。点火剂引爆时，迅速产生大量热量，使充气剂（叠氮化钠固体药片）受热分解并释放出大量氮气充入气囊，气囊便冲开气囊组件上的装饰盖板鼓向驾驶人和乘员，使驾驶人和乘员面部和胸部压靠在充满气体的气囊上，在人体与车内构件之间铺垫一个气垫，将人体与车内构件之间的碰撞变为弹性碰撞，通过气囊产生变形和排气节流来吸收人体碰撞产生的动能，从而达到保护人体的目的。

三、安全气囊总成的更换

1. 安全气囊总成更换方法

（1）带安全气囊喇叭按钮总成的拆装

零件分解图如图 5-15 所示，拆装步骤如下。

1）遵守注意事项。

2）断开蓄电池负极端子。

3）拆卸喇叭按钮总成。

注意：如果点火开关在 ON 位置而断开安全气囊插接器，将记录故障码（DTC）。

①前轮朝正前方。

②使用 T30 的梅花套筒扳手，松开 2 个梅花螺钉，直到螺纹槽碰到螺钉壳，如图 5-16 所示。

③从喇叭按钮总成中取出转向盘盖。

④松开喇叭插接器。注意：取下喇叭按钮总成时，注意不要拉安全气囊线束。

⑤用螺钉旋具，断开安全气囊插接器，如图 5-17 所示。

⑥取下喇叭按钮总成。

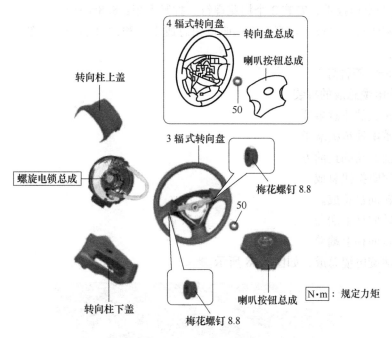

图 5-15 安全气囊总成的拆卸

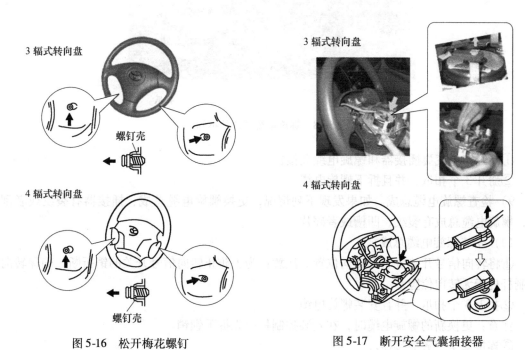

图 5-16 松开梅花螺钉　　　　　图 5-17 断开安全气囊插接器

4）安装喇叭按钮总成。

①连接安全气囊插接器和喇叭插接器。

②确认螺钉螺槽碰到螺纹后安装喇叭按钮。

③使用梅花套筒扳手，安装2个梅花螺钉，拧紧力矩：8.8N·m。

5）检查喇叭按钮总成。目视检查喇叭按钮总成表面和槽口部是否有裂痕、细微裂缝或者明显的变色。

6）检查SRS警告灯。

（2）螺旋电缆总成的拆装

1）遵守相关的注意事项。

2）断开蓄电池负极端子。

3）调整前车轮朝正前方。

4）拆下喇叭按钮总成。

5）拆下转向盘总成。

6）拆下转向柱下端盖。

7）拆下转向柱上端盖。

8）拆下螺旋电缆总成，如图5-18所示。

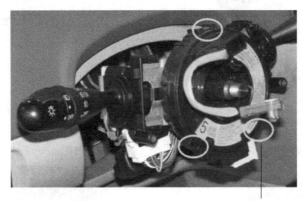

图5-18　螺旋电缆总成的拆卸

①断开安全气囊插接器和螺旋电缆插接器。

②掰开3个扣爪，并且拆下螺旋电缆。

9）检查螺旋电缆总成。如果发现下列情况，更换螺旋电缆总成：插接器有裂纹或者刮伤，螺旋电缆总成有裂纹、凹槽或者碎片。

10）安装螺旋电缆总成。

①将转向信号开关置于无转向位置。注意：为了防止转向信号开关的销折断，确保转向控制杆处于无转向位置。

②扣上3个扣爪，并且安装螺旋电缆。

注意：更换新的螺旋电缆时，在安装控制杆前先拆下锁销。

③连接安全气囊插接器。

④用3个螺钉安装转向柱下端盖。

11）螺旋电缆对中。

①确保点火开关在OFF位置。

②确保蓄电池负极端子断开。注意：在拆下蓄电池端子90s后才可以进行操作。

③逆时针旋转螺旋电缆，直到变得难以旋转，如图 5-19 所示。
④然后顺时针旋转螺旋电缆大约 2.5 圈，并对齐标记，如图 5-20 所示。
注意：电缆将绕中心左、右旋转 2.5 圈。

图 5-19　逆时针旋转螺旋电缆

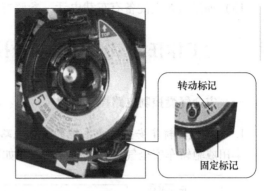

图 5-20　对齐标记

12）安装转向盘总成。
13）安装喇叭按钮总成。
14）检查喇叭按钮总成。
15）检查 SRS 警告灯。

2. 更换气囊总成注意事项

对安全气囊进行维修（包括零部件的拆卸和安装、检查和更换），要按正确的程序进行，在操作前，必须注意以下事项：

1）必须在点火开关旋转到 LOCK 位置，并且断开蓄电池上的负极端子 90s 后，才能进行操作（安全气囊系统备有备用电源，因此，如果在蓄电池负极端子松开 90s 内进行操作，SRS 可能会胀开）。

2）不能把喇叭按钮总成、仪表板乘客安全气囊总成、中央安全气囊传感器总成或者前安全气囊传感器直接暴露在热空气或者火焰中。

3）SRS 的故障症状很难确认。因此故障诊断时故障码（DTC）成为最重要的信息来源，当对 SRS 进行故障诊断时，在断开蓄电池之前要检查 DTC。

4）即使很微小的碰撞而 SRS 没有被胀开，也应该检查喇叭按钮总成、仪表板乘客安全气囊总成、中央安全气囊传感器总成或者安全气囊传感器。

5）如果在修理中可能对传感器产生冲击，在修理前，应该拆下安全气囊传感器。

6）绝对不能使用其他汽车上的 SRS 零件。当更换零件时，要采用新的零部件。

7）绝对不要对喇叭按钮总成、仪表板乘客安全气囊总成、中央安全气囊传感器总成或者前安全气囊传感器等进行分解和修理。

8）如果喇叭按钮总成、仪表板乘客安全气囊总成、中央安全气囊传感器总成或者前安全气囊传感器掉到地上，或者支架及插接器中有划伤、凹坑或其他缺陷时，应用新的零件更换它们。

9）使用高阻抗万用表（10kΩ/V 以上）进行系统电路故障检查。

10）说明标牌贴在 SRS 部件周围，必须遵照这些标牌上的注意事项。

11）对SRS的工作结束以后，应检查SRS警告灯。

12）当负极电缆从蓄电池上断开后，时钟和音响系统的记忆将被删除，所以在工作前要记录有关音响的数据，绝不能使用汽车以外的其他备用电源。

13）如果汽车上配备有车载电话，参照有关的注意事项。

工作任务二　汽车电子控制被动安全系统的检修

一、安全气囊控制电路控制原理

1. 丰田威驰轿车安全气囊系统的控制电路及工作原理

丰田威驰轿车安全气囊系统的控制电路如图 5-21 所示。

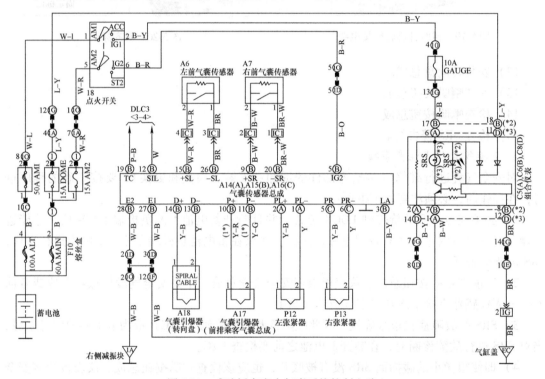

图 5-21　威驰轿车安全气囊系统控制电路

丰田威驰被动安全系统分析：

正面碰撞：中央气囊传感器、左前或右前气囊传感器→安全气囊 ECU→驾驶人安全气囊引爆器、前排乘客侧安全气囊引爆器、左前或右前座椅安全带预紧器。

2. 丰田卡罗拉轿车安全气囊系统的控制电路及工作原理

丰田卡罗拉汽车被动安全系统如图 5-22 所示。

丰田卡罗拉被动安全系统分析：

1）正面碰撞：中央气囊传感器、左前或右前气囊传感器→安全气囊 ECU→驾驶人安全气囊引爆器、前排乘客侧安全气囊引爆器、左前或右前座椅安全带预紧器。

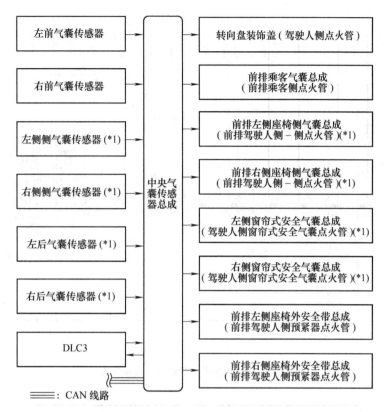

图 5-22　丰田卡罗拉汽车被动安全系统

2）侧面碰撞：中央气囊传感器、左前或右前侧气囊传感器、左后或右后气囊传感器→安全气囊 ECU→前排左侧或右侧座椅侧安全气囊、左侧或右侧窗帘式安全气囊。

3. 大众迈腾轿车安全气囊系统的控制电路及工作原理

大众迈腾安全气囊系统后排不带侧面安全气囊电路如图 5-23 所示。该系统在碰撞时有安全带收紧、关闭天窗等主动和被动安全功能，称为预防式成员保护系统。

安全气囊控制单元编码：控制单元的编码不正确会导致安全气囊警告灯点亮，系统始终存在故障码（编码不同会导致故障码多少不一），使用诊断仪可以查看安全气囊控制单元编码，如图 5-24 所示。

其中"8L0 959 655B"表示安全气囊控制单元的配件号；"安全气囊 VW3-SV00"为版本号；"00066""WSC12345"表示安全气囊的编号及经销商号。

二、安全气囊系统故障诊断

1. 丰田威驰被动安全系统电路故障诊断

以丰田威驰 SRS 警告灯电路为例：SRS 警告灯安装在组合仪表上。当 SRS 正常时，点火开关从 LOCK 转至 ON 位置，SRS 警告灯点亮大约 6s 后自动熄灭。如果 SRS 有故障，SRS 警告灯常亮以通知驾驶人系统不正常。

汽车舒适与安全系统诊断与修复

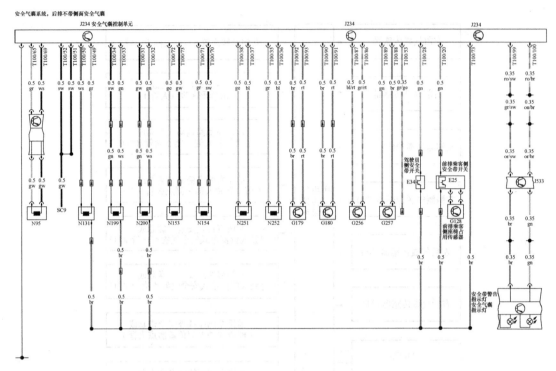

图 5-23 大众迈腾汽车安全气囊系统图

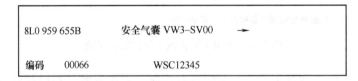

图 5-24 大众迈腾气囊控制单元编码

当连接 DLC3 的 TC 和 CG 端子时，通过 SRS 警告灯闪烁显示故障码。电路图如图 5-25 所示。

检查步骤如下：

（1）检查插接器

1）把点火开关转至 LOCK 位置。

2）断开蓄电池负极（-）端子的导线，至少等待 90s。

3）断开中央安全气囊传感器总成的插接器。

4）连接蓄电池负极（-）端子的导线。

5）检查 SRS 警告灯的状态。正常：插接器连通。

如果不正常，更换插接器；如果正常，转到下一步骤。

（2）检查组合仪表总成

1）断开组合仪表总成插接器。

2）连接蓄电池负极（-）端子的导线，把点火开关转至 ON 位置。

3）DLX 级：测量搭铁和中央安全气囊传感器总成连接的组合仪表总成插接器的 C6-17

端子之间的电压。

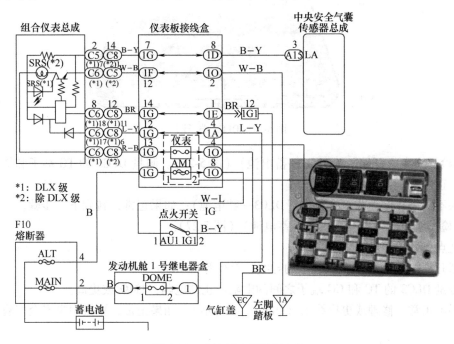

图 5-25　威驰 SRS 指示灯电路

4）GLX 级：测量搭铁和中央安全气囊传感器总成连接的组合仪表总成插接器的 C5-6 端子之间的电压。

正常电压：8V 或更高。

如果不正常，更换组合仪表总成；如果正常，更换中央安全气囊传感器总成。

（3）TC 端子故障的检修

以丰田威驰轿车为例：TC 端子电路如图 5-26 所示。通过连接 DLC3 的 TC 和 CG 端子，设置码的输出模式，中央安全气囊传感器总成的故障码通过 SRS 警告灯闪烁显示出来。

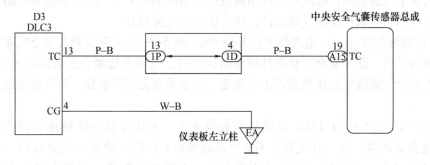

图 5-26　威驰 TC 端子电路

1）检查线束（开路）（DLC3—蓄电池），如图 5-27 所示。

①把点火开关转至 ON 位置。

②测量 DLC3 的 TC 和 CG 端之间的电阻。正常电阻：低于 1Ω。

如果不正常，修理或更换线束（DLC3—蓄电池）；如果正常，转到下一步骤。

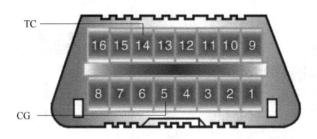

图 5-27 DLC3 端子图

2)检查线束(开路)(DLC3—蓄电池)(图 5-27)。测量 DLC3 的 TC 端子和搭铁之间的电压。正常电压:4~14V。

如果不正常,修理或更换线束(DLC3—蓄电池);如果正常,转到下一步骤。

3)检查线束(短路)(DLC3—蓄电池)(图 5-27)。

①把点火开关转至 ON 位置。

②断开蓄电池负极(-)端子的导线,至少等待 90s。

③测量 DLC3 的 TC 和 CG 端子之间的电阻。正常电阻:1MΩ 或更高。

如果不正常,修理或更换线束(DLC3—蓄电池);如果正常,更换中央安全气囊传感器总成。

2. 丰田卡罗拉被动安全系统电路故障诊断

初步检查:将点火开关置于 OFF 位置,至少等待 2s,然后将点火开关置于 ON 位置。SRS 警告灯点亮 6s(图 5-28),被动安全系统进行自诊断。如果 SRS 警告灯 6s 后保持点亮,说明检测到被动安全系统存在故障。如果 SRS 警告灯一直闪烁,说明电源电压不足。

图 5-28 丰田卡罗拉 SRS 警告灯

被动安全系统检查故障码:当系统电路断路、短路、元件故障,系统自诊断检测到的故障,均会有相应故障码。发现间歇性故障或信号时,通过晃动被动安全系统的各插接器,或在不平道路上行驶来模拟检测。

驾驶人安全气囊检测:检测时,使用高阻抗(最小 10kΩ/V)的电表检测电路,不能使用万用表电压档、电阻档检测气囊元件,这可能造成气囊爆开。

1)将蓄电池负极(-)电缆拆下后等待 90s。图 5-29 所示为驾驶人安全气囊电路,线束插接器均为橙色,断开安全气囊组件线束插接器时,先用手接触金属表面释放身体静电。检查驾驶人安全气囊线束插接器是否正确连接、各端子有无变形氧化,若有必要重新连接插接器。

2)将专用工具 SST(2.1Ω)连接到气囊线束中,专用工具 SST 使用如图 5-30 所示。安装蓄电池负极电缆,点火开关置于 ON 位置后等待 60s 后,检查系统故障码,系统正常则需要更换驾驶人安全气囊。如出现驾驶人侧点火管电路断路、驾驶人侧点火管电路短路、驾驶人侧点火管电路对地短路、驾驶人侧点火管电路对正极短路等故障码,则要检测电路。

3)将蓄电池负极(-)电缆拆下等待 90s 后,断开线束两端。检查电路断路、短路。驾驶人侧安全气囊电路检测结果见表 5-1。结果正常,则需要更换中央气囊传感器总成。

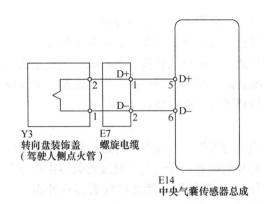

图 5-29 驾驶人安全气囊电路

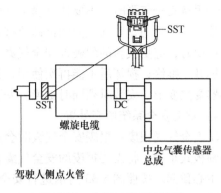

图 5-30 专用工具 SST 使用

表 5-1 驾驶人安全气囊电路检测

检测仪连接	测量方式	规定状态
(E14)5—(Y3)2	电阻	小于 1Ω
(E14)6—(Y3)1	电阻	小于 1Ω
(E14)6—车身	电阻	1MΩ 或更大
(E14)5—车身	电阻	1MΩ 或更大

拆卸转向盘上的驾驶人安全气囊：开始维修前，注意不要让被动安全系统直接受热和遇火，安全气囊元件避免受到磕碰、振动。

①将点火开关置于 OFF 位置，并将蓄电池负极（-）电缆拆下 90s 后，再进行拆卸。

②拆卸转向盘两侧下装饰盖，使用梅花套筒（T30）拧松 2 个螺栓，直到螺栓顶边沿凹槽与螺栓座齐平。图 5-31 所示为拆卸转向盘装饰盖。

③从转向盘总成中拉出驾驶人安全气囊，用一只手支撑驾驶人安全气囊，不要拉动、损坏后面的气囊线束。

④将喇叭插接器断开，使用缠有保护性胶带的螺钉旋具断开气囊插接器，如图 5-32 所示，取下驾驶人安全气囊。

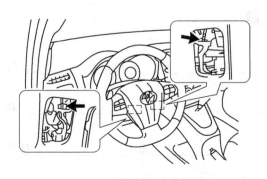

图 5-31 拆卸转向盘装饰盖

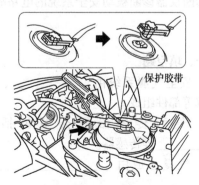

图 5-32 断开气囊插接器

⑤手持安全气囊时，不要让气囊装饰面朝向身体，放置时，要让装饰面朝上。

检查发现转向盘装饰盖面凹槽部位有裂纹、褪色，转向盘总成变形、喇叭按钮接触片变形等情况时，应更换新的驾驶人安全气囊。气囊传感器、中央气囊传感器总成、气囊总成不可以拆开、维修，损坏后不能再次使用，只能更换新的。气囊在爆炸时产生的高温会使线束插接器受热变形，安装时须同时更换。安装气囊传感器时，应保持在原来位置。

4）被动安全系统废弃处置。

①安全气囊报废：报废安全气囊时会产生相当大的爆炸声，应在户外进行报废。使用废旧的辐板式车轮，将需要报废的安全气囊装饰盖展开侧朝上，安全气囊通过轮毂螺栓孔绑在车轮中心顶部。按照图 5-33 所示进行安全气囊报废，左侧使用轮胎防护气囊爆炸冲击，右侧使用硬纸箱防护气囊爆炸冲击，同时确保气囊周围 10m 没有人，安全报废。

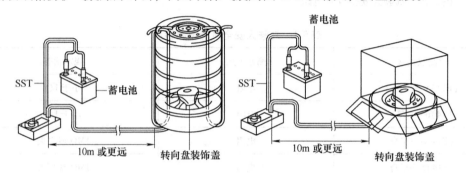

图 5-33　安全气囊报废

气囊展开后会产生高温，在短时间内不要触摸气囊，需要戴手套和防护眼镜，防止气囊内残留的氢氧化钠接触皮肤、眼睛，接触后应用冷水冲洗。

②气囊传感器内部含有水银，更换后的旧气囊传感器不能随意放置、损毁，应作为有害物处置。

小　　结

本学习情境主要是让学生掌握汽车电子控制被动安全系统的工作原理，会使用检测工具及仪器检测被动安全系统基本的元器件，能进行被动安全系统的拆卸与安装，能通过电路分析、诊断仪器诊断被动安全系统的电路故障。

习　　题

一、填空题

1. 安全气囊系统由 _____、_____、_____ 和 _____、气囊总成等部件组成。

2. 气囊传感器的类型包括 _____、_____、_____ 和 _____ 等传感器。

3. 气囊总成由 _____、_____、_____ 和 _____ 等部件组成。

二、判断题

1. 前排乘客位置的成员无须系座椅安全带，因为该位置具有安全气囊。（　　）

2. 汽车遭受侧面碰撞超过斜前方 ±30°角时，安全气囊系统不起作用。（　　）

三、问答题

1. 简述汽车安全气囊的功能。
2. 以丰田威驰轿车为例，简述汽车电子控制被动安全系统的工作原理。
3. 以丰田卡罗拉轿车为例，简述汽车电子控制被动安全系统的工作原理。
4. 以大众迈腾轿车为例，简述汽车电子控制被动安全系统的工作原理。
5. 以丰田威驰轿车为例，简述汽车电子控制被动安全系统故障的诊断方法。
6. 以丰田卡罗拉轿车为例，简述汽车电子控制被动安全系统故障的诊断方法。

考 核 工 单

汽车电子控制被动安全系统考核工单

序号	考核项目		配分	评分标准（每项累计扣分不超过配分）
1	安全文明否决			造成人身、设备重大事故，或恶意顶撞考官、严重扰乱考场秩序，立即终止考试，此题计 0 分
2	工量具的选择及正确使用		15 分	（1）不能正确选择工量具，每次扣 3 分 （2）不能正确使用工量具，每次扣 5 分
3	汽车电子控制被动安全系统的拆装	被动安全系统零部件的认知	20 分	（1）不能指出传感器安装位置，每次扣 2 分 （2）不能指出 ECU 安装位置，每次扣 5 分 （3）不能指出执行器安装位置，每次扣 2 分
		被动安全系统的拆装过程	45 分	（1）安全气囊喇叭按钮总成拆装方法不正确扣 5～15 分 （2）仪表板乘客安全气囊总成拆装方法不正确扣 5～15 分 （3）碰撞传感器拆装方法不正确扣 5～15 分
4	安全文明生产		20 分	（1）不穿工作服扣 1 分，不穿工作鞋扣 1 分，不戴工作帽扣 1 分 （2）不安装车漆表面防护布（罩）扣 1 分，不安装车内座椅防护套、转向盘套、变速杆套、地板衬垫每项扣 0.5 分 （3）工量具与零件混放，或摆放凌乱，每次每处扣 1 分 （4）发动车辆不接尾气排放管，每次扣 1 分 （5）不放置三角木，扣 1 分 （6）工量具或零件随意摆放在地上，每次扣 1 分 （7）垃圾未分类回收，每次扣 1 分 （8）竣工后未清理工量具，每件扣 1 分 （9）竣工后未清理操作过程中手接触过的车漆表面，每处扣 1 分 （10）竣工后未清理考核场地，扣 2 分 （11）不服从考官、出言不逊，每次扣 3 分
5	合计		100 分	

学习情境六 巡航系统功能失效

学习目标：

1. 知识目标
（1）了解巡航系统的作用与构造
（2）掌握巡航系统的工作原理

2. 能力目标
（1）能够操作和维护巡航系统
（2）会识读巡航系统的电路图
（3）能够诊断巡航系统的故障并进行维修

职业情境描述

客户反映：巡航系统不能设置巡航车速，要求给予维修。

根据客户描述的巡航系统不能设置巡航车速故障现象初步判断，可能是巡航开关电路、巡航控制器故障。经检测，巡航开关总成损坏，需要更换新的巡航开关总成。

工作任务一 汽车定速巡航系统的检修

一、汽车巡航系统的功能与优点

1. 汽车巡航控制系统的功能

1）车速设定功能。当在高速公路上行驶时，路面质量好，没有人流，分道行车，无逆向车流，适宜较长时间稳定行驶时，可按下"设定"开关，设定一个稳定行驶的车速，使驾驶人不用再踩加速踏板和换档，汽车一直以这一车速稳定运行。

2）消除功能。当驾驶人根据运行情况需要踩下制动踏板时，则上述的车速设定功能立即消失，驾驶人用常规方法操作驾驶，直到再按另外的功能开关为止，但其行驶速度大于48km/h时所设定的车速值仍然存储在系统中，供随时通过开关调用。

3）恢复功能。当驾驶人处理好情况后，根据路面车流情况又可稳定运行时，可按"恢复"功能开关，这样汽车又自动按上述设定的车速稳定均匀运行。若不按"恢复"功能开关，也可在驾驶人认为最有利车速时按"设定"开关，汽车就又自动按新选择的设定车速稳定运行。

4）滑行功能也称为减速功能。当按下"滑行"开关时，汽车在原设定车速基础上减速行驶，开关一直按下不放，则车速一直在降低。当驾驶人放松"滑行"开关，则汽车就自动以放松"滑行"开关瞬间的车速稳定行驶。

5) 加速功能。当按下"加速"开关时，汽车在原设定的车速基础上加速行驶，开关一直按下不放，则车速一直在增加。当驾驶人放松"加速"开关时，则汽车就自动以放松"加速"开关瞬间的车速稳定行驶。

6) 低速自动消除功能。当车速低于已输入的低速极限时（一般为48km/h），巡航控制不起作用，也不能存储低于这一车速的信息。

7) 开关消除功能。除了踩制动踏板有低速消除功能外，当按驻车制动开关离合器控制开关、变速器档位开关时，都有自动消除巡航控制的功能。

2. 巡航控制系统的优点

1) 提高了汽车行驶的稳定性和舒适性。巡航控制系统保证了汽车在有利车速下等速行驶，大大提高了其稳定性和舒适性。

2) 提高了汽车行驶的安全性。巡航控制系统实现了自动驾驶，尤其是在上坡，下坡或平路行驶时，驾驶人只要掌握好转向盘，不用踩加速踏板和换档就能等速稳定运行，减轻驾驶人劳动强度，可使精力集中确保行车安全。

3) 可降低油耗和排气污染。巡航控制系统选择在最有利的车速和发动机转速下运行，可平均节省燃油 15%，并使燃烧安全，热效率高，排气中的 CO、NO_x、CH 大量减少，有利于环保。

4) 减少磨损延长寿命。稳定等速行驶使额外惯性力减少，所以机件磨损少，使寿命增加，故障减少。

二、汽车巡航系统的组成与位置

1. 巡航控制系统的组成

巡航控制系统由操作开关、传感器、执行机构和巡航控制单元组成。传感器和开关信号送入巡航控制 ECU，ECU 根据这些信号计算节气门开度，并向执行器发出信号，自动调节节气门开度。

1) 操作开关：包括主控开关、离合器开关、变速器空档起动开关、制动开关（包括驻车制动）和电源开关（点火开关），其主要作用是进行巡航速度的设定、改变当前巡航状态等。

2) 巡航控制 ECU：巡航控制 ECU 由微处理器芯片、A/D 转换模块、D/A 转换模块和 IC 输出复位驱动模块和保护电路模块等组成。ECU 接收来自传感器和各种开关的信号，并进行相应的处理。比如车辆速度与设定巡航速度不一致时，执行器就会自动发出电信号来控制执行器的动作，使实际转速与设定速度相一致。

3) 传感器：主要包括节气门位置传感器、车速传感器、节气门控制臂传感器。

4) 执行器：主要作用是把 ECU 的输出电流或电压信号转换成机械运动，之后再进行节气门开启控制。目前，有两种类型的执行器：一种是真空驱动，另一种是电动机驱动，前者由负压来操作节流，后者由微电动机节流运行。

2. 巡航控制系统部件位置

丰田卡罗拉巡航系统部件位置如图 6-1 所示,由巡航系统主控制开关、节气门体总成、右前轮速传感器、左前轮速传感器、右后轮速传感器、左后轮速传感器、ECM、防滑控制 ECU、制动灯开关、仪表指示灯、加速踏板位置传感器、供电熔丝盒组成。该系统由 ECM 控制,接收车速传感器的行车速度、巡航控制主开关设定的车速、节气门位置传感器信号,计算并控制节气门电动机工作。车速小于设定车速时,ECM 控制节气门打开角度。该系统具有 ON-OFF、-(滑行)/SET、+(加速)/RES(复位)、CANCEL、车速操作、电动机输出控制及超速档控制功能。

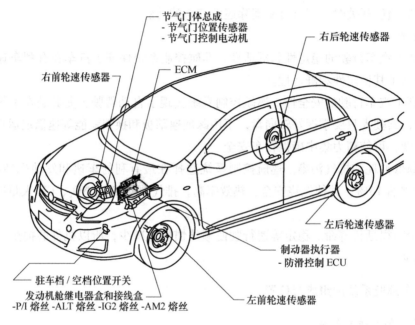

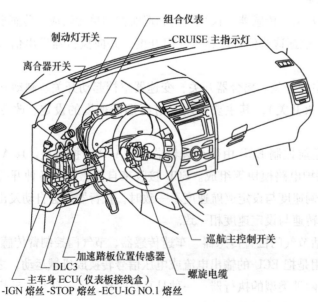

图 6-1 丰田卡罗拉巡航系统部件位置

巡航系统的限速控制：行驶车速低于速度下限 40km/h 时，不能设置巡航系统，行驶车速高于速度上限 200km/h 时，不能设置巡航系统，也不能通过巡航控制主开关设置超过速度上限，巡航系统将自动取消。达到以下条件也将会自动取消巡航系统功能：①踩下制动踏板，ECM 收到制动信号；②踩下离合器踏板，ECM 收到离合器位置信号；③档位从 D 位或其他前进档切换到其他位置时。

三、汽车巡航系统的工作原理

1. 巡航控制系统的工作原理

电控巡航系统是一种典型的闭环控制系统，图 6-2 是电控巡航系统原理。电控单元有两个输入信号：一个是驾驶人设定的车速信号；另一个是实际车速反馈信号。

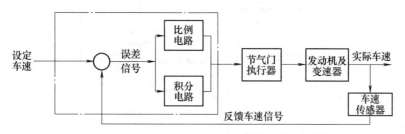

图 6-2　电控巡航系统原理

当测出的实际车速高于或低于驾驶人设定的车速时，电控单元将这两种信号进行比较，由简单减法计算出两信号之差，即误差信号。再经过放大、处理后成为节气门控制信号，送到节气门控制执行器，驱动节气门执行器动作，调节发动机节气门开度，修正两个输入车速信号的误差，使实际车速很快恢复到驾驶人设定的车速，并保持恒定。电控单元作为巡航控制系统的核心部件，一般采用一种被称为"比例-积分"的控制策略，线性放大部件的输出正比于误差信号，而积分放大器则设置一条斜率可调整的输出控制线。这样可在短时间内将车速误差降至趋近于零的很小范围内，节气门控制信号则是比例电路和积分电路两部分输出信号的叠加。

2. 丰田卡罗拉巡航系统控制电路

丰田卡罗拉汽车巡航系统电路如图 6-3 所示。该系统由 ECM 控制，接收车速传感器的行车速度、巡航控制主开关设定的车速、节气门位置传感器信号，计算并控制节气门电动机工作。

1）巡航系统主开关 ON-OFF：巡航系统主开关的 ON-OFF 闭合、此时电流的方向为：ECM 的 40 号端子→螺旋电缆→巡航系统主开关的 3 号端子→巡航系统主开关的 1 号端子→螺旋电缆→搭铁。

2）巡航系统主开关 -（滑行）/SET：巡航系统主开关的 -（滑行）/SET 闭合、此时电流的方向为：ECM 的 40 号端子→螺旋电缆→巡航系统主开关的 3 号端子→巡航系统主开关的 1 号端子→螺旋电缆→搭铁。

3）巡航系统主开关 +（加速）/RES（复位）：巡航系统主开关的 +（加速）/RES（复位）闭合、此时电流的方向为：ECM 的 40 号端子→螺旋电缆→巡航系统主开关的 3 号端子→巡航系统主开关的 1 号端子→螺旋电缆→搭铁。

4）巡航系统主开关 CANCEL：巡航系统主开关的 CANCEL 闭合、此时电流的方向为：ECM 的 40 号端子→螺旋电缆→巡航系统主开关的 3 号端子→巡航系统主开关的 1 号端子→螺旋电缆→搭铁。

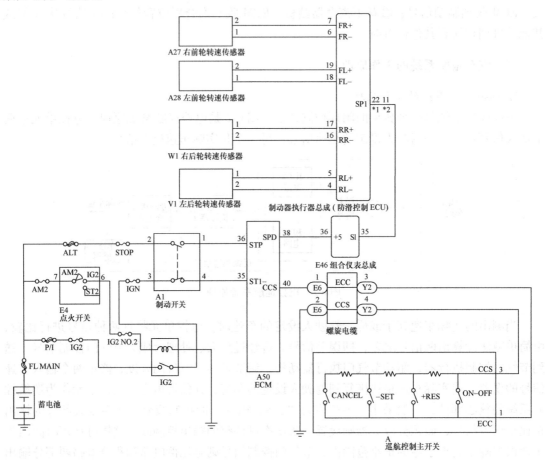

图 6-3　丰田卡罗拉巡航系统控制电路

5）制动开关：打开点火开关后，主车身 ECM 控制 IG2 继电器工作。蓄电池正极→FL MAIN 熔丝→P/I 熔丝→LG2 熔丝→IG2 继电器触点→IGN 熔丝→制动开关的 3 号端子→制动开关的 4 号端子→ECM 的 35 号端子。踩下制动踏板制动开关的 3 号与 4 号端子断开。

3. 大众迈腾轿车巡航系统控制电路

大众迈腾轿车巡航系统控制电路如图 6-4 所示。巡航主开关 E45、巡航设置开关 E527 发送信号给转向柱控制单元 J527，转向柱控制单元 J527→驱动系统 CAN→数据总线控制单元 J533→仪表控制单元 J285→控制巡航指示灯 K31 的点亮、熄灭。

四、巡航系统的检测

以丰田卡罗拉轿车为例进行巡航系统的检测与维修。

1. 路试检查巡航系统功能

表 6-1 所示为卡罗拉轿车巡航系统路试检查表。

学习情境六 巡航系统功能失效

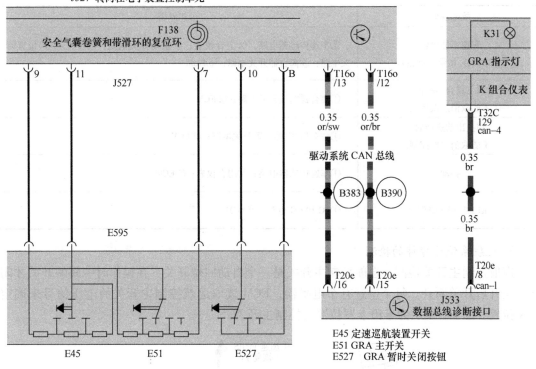

图6-4 大众迈腾巡航系统控制电路

表6-1 巡航系统路试检查表

检查功能	检 查 流 程
SET功能	车辆在40~200km/h之间速度行驶，巡航控制开关推至-(滑行)/SET后，检查设定的车速
加速功能	车辆在40~200km/h之间速度行驶，巡航控制开关推至-(滑行)/SET后，将巡航控制开关推至+(加速)/RES后，检查设定车速是否增加1.6km/h
滑行功能	车辆在40~200km/h之间速度行驶，巡航控制开关推至-(滑行)/SET后，将巡航控制开关推至+(滑行)/SET后，检查设定车速是否减少1.6km/h
CANCEL功能	车辆在40~200km/h之间速度行驶，巡航控制开关推至-(滑行)/SET后，操作： ①踩下制动踏板 ②踩下离合器踏板 ③档位从D位或其他前进档切换到其他位置 ④关闭巡航控制主开关 ⑤巡航控制主开关推至CANCEL 检查巡航系统是否取消

2. 丰田卡罗拉巡航系统故障症状表

丰田卡罗拉轿车巡航系统故障诊断见表6-2。

表6-2 巡航系统故障诊断表

故障现象	可能原因
车速不能设置 （CRUISE指示灯点亮）	①车速传感器电路；②组合仪表；③制动开关电路；④驻车/空档位置开关电路；⑤离合器开关电路；⑥ECM
踩下离合器踏板 不能取消巡航控制	①离合器踏板开关电路；②ECM
切换出前进档后 不能取消巡航控制	①驻车档/空档位置开关电路；②ECM
抖动	①车速传感器电路；②组合仪表；③ECM
CRUISE指示灯闪烁	①TC和CG电路；②ECM

3. 巡航系统元器件的检测

巡航控制主开关检测：巡航控制主开关是一个自动回位开关，在操作时中间的开关才闭合，松开后开关断开。每个位置有个电阻器，ECM读取巡航控制主开关的电压信号来确定开关位置。图6-5所示为丰田卡罗拉巡航控制主开关。

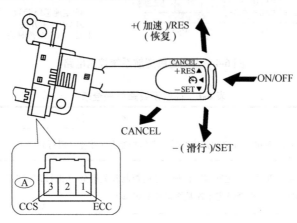

图6-5 丰田卡罗拉巡航控制主开关

拆下巡航控制主开关，连接万用表检测开关电阻。表6-3所示为巡航控制主开关检测值，不符合应更换新的巡航控制主开关。

表6-3 巡航控制主开关检测值

检测仪连接	开关状态	规定值
A-3(CCS)—A-1(ECC)	静止位置	10kΩ或更大
A-3(CCS)—A-1(ECC)	+(加速)/RES(恢复)	235~245Ω
A-3(CCS)—A-1(ECC)	-(滑行)/SET	617~643Ω
A-3(CCS)—A-1(ECC)	CANCEL	1509~1571Ω
A-3(CCS)—A-1(ECC)	主开关打开	小于2.5Ω

学习情境六 巡航系统功能失效

工作任务二　汽车自适应巡航系统的检修

一、汽车自适应巡航系统的功能与工作原理

1. 自适应巡航控制系统功能

自适应巡航控制系统（ACC）是定速巡航装置的后续开发产品。如图 6-6 所示，如果前方无行驶车辆，那么即可根据驾驶人设定的期望车速行驶，其作用相当于定速巡航装置的功能。如果前方车辆行驶缓慢而无法实现期望车速，那么自适应巡航控制系统就会保持由驾驶人设定的期望车距。

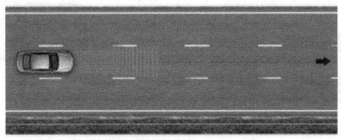

a) 前方无行驶车辆：以用户的期望车速行驶

b) 前方行驶车辆的车速低于期望车速：保持期望车距

图 6-6　ACC 基础功能

为了根据车速调节与相关车道上的前方行驶车辆的车距，自适应巡航控制系统的调节软件需要以下信息：

1）距离前方行驶车辆的车距，如图 6-7 所示。

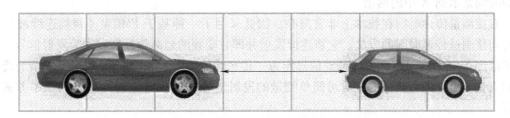

图 6-7　距离前方行驶车辆的车距

125

2）前方行驶车辆的车速，如图 6-8 所示。

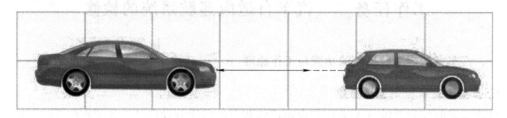

图 6-8　前方行驶车辆的车速

3）前方行驶车辆的位置，如图 6-9 所示。

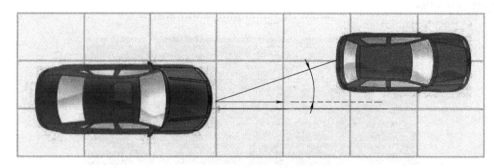

图 6-9　前方行驶车辆的位置

如果在雷达探测范围内同时有多辆汽车，那么就通过上述信息选定应针对调节的一辆车，并据此进行调节。

2. 自适应巡航控制系统的工作原理

(1) 借助雷达原理实现技术

为实现自适应巡航控制系统的基本功能需要使用雷达技术。与光学系统相比，雷达射线由于其波长短而具有诸多优点。特别是在（迷雾、暴风雪等）视线条件差的情况下，雷达射线被吸收和转向明显较少。由此它比光学系统具有更大的系统可用性。物体的间距决定发送信号和接收反射信号之间所需要的时间，雷达可对重新接收到的反射射线与被发出的射线进行比较和分析。

(2) 车距测量

发射器/接收器和目标物之间的距离与信号传递时间存在相互关系，直接测量方法示例如图 6-10 所示：示例 B 中的车距是示例 A 中的两倍。在示例 B 中，反射信号到达接收器所用的时间是示例 A 中的两倍。

直接测量传递时间在技术上非常复杂。因此采用了一种基于 FMCW（调频连续波）原理的间接测量传递时间的方法。它将连续发射并即时变频的超高频振荡波作为发射信号。以频率范围在 76～77GHz 之间的载波信号作为"传送载体"。借助这种方法可避开复杂的传递时间直接测量，取而代之的是对可简单测量的发射信号和接收（反射）信号的频率差进行分析。

如图 6-11 所示，在调频信号的振幅（信号强度）几乎保持稳定的同时，频率（每单位时间的振荡次数）发生变化。在图中，信号频率在标记 A 的时间点上达到了最大值（每单位时间最高振荡次数），在 B 标记的时间点上，信号频率最低（每单位时间最少振荡次数）。

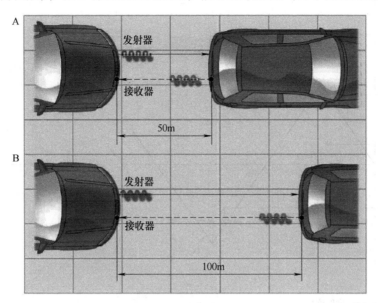

图 6-10　直接测量方法

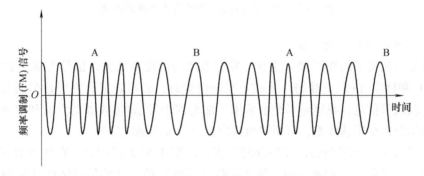

图 6-11　间接测量方法

3. 确定前方行驶车辆的车速

为了获得前方行驶车辆的车速信息，应用了一种物理效应，即"多普勒效应"。此处的区别在于：反射发出的雷达波的物体相对发射器是否相对静止或运动。如果发射器和物体之间的距离缩小，反射电波的频率就升高。如果距离扩大，频率就下降。电子部件分析该频率的移动信息，从而提供前方行驶车辆的车速数据。

多普勒效应的应用示例：当一辆消防车驶近时，行人听到的是近似恒定的高音警报信号声（高音频）。当消防车驶离时，行人听到的是低音的警报声（频率跃变—低音频）。

4. 确定前方行驶车辆的车速和车距的示例

如图 6-12 所示，前方车辆行驶速度加快，车距加大。根据多普勒效应，（反射）信号的接收频率将减小（Δf_0）。而且，因为发射和接收信号之间的传递时间延长而出现时间的延迟，由此导致在上升的（Δf_1）和下降的（Δf_2）信号沿之间产生不同的频率差。该差别由控制器进行分析。

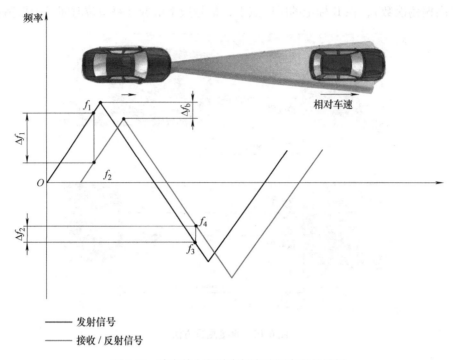

图6-12 确定前方行驶车辆车速和车距的示例

5. 确定前方行驶车辆的位置

雷达信号呈波瓣形向外扩散。随着与发射器之间的距离加大,信号强度(振幅)在车辆纵向(x)和横向(y)上减弱。要确定车辆位置时,必须确定前方行驶车辆与自身车辆的角度。为获取该信息,在奥迪车型上采用了配有四个发射/接收器的发射和接收单元。利用该原理并结合四个雷达波瓣,可精确地确定前方行驶车辆的位置。

如图6-13所示,前方行驶的车辆同时被雷达波瓣2和3探测到。在所示的例子中,如果车体大部分位于信号2的范围内,那么接收(反射)信号2的信号强度(振幅)就大于接收信号3。各个雷达波瓣的接收(反射)信号的振幅强度关系可提供角度信息。

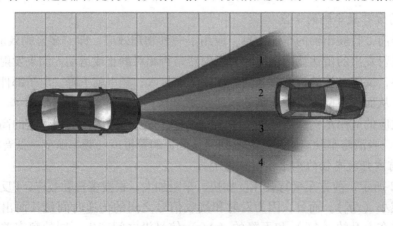

图6-13 确定前方行驶车辆的位置

6. 确定影响调节的车辆

在实际交通中（比如在高速公路、多车道道路或弯道上行驶时），经常是多辆车同时出现在雷达的探测范围内。这时，就必须要识别哪辆车与本车行驶在同一车道上或本车应与哪辆车保持选择的车距。其前提是由车距调节控制器来确定车道走向。该过程相对复杂，以多个传感器的测试值为基础。使用了转向角度传感器、偏转率传感器以及车轮转速感应器的信号。在有相应装备的汽车上，还会通过摄像头附加测量车道标记线信号。根据雷达探测到的导向护栏、车道隔离柱以及其他车辆的运动方向也可推断出未来的路段走向。如果汽车装有增强版导航系统，那么也可使用预测路段数据获取有关行驶车道走向的信息。

7. 自适应巡航控制系统（ACC）的系统极限

自适应巡航控制系统是一个驾驶人辅助系统，不是安全系统。它不是一个用于全自动行驶的系统。自适应巡航控制系统可以减轻驾驶人的操作负担，但不解脱驾驶人应负的责任。

1）自适应巡航控制系统只在规定的车速范围内（根据车型）进行调节。

2）自适应巡航控制系统对静止的物体不作反应。

3）在（迷雾、飞溅的水花、雪泥水等）恶劣的环境条件下，雷达技术以及其他参与工作的传感器（摄像头、超声波感应器）的作用会受到限制。

4）在小的弯道半径上，由于雷达射线范围受到限制，系统功能会受到影响。

5）在穿过隧道时，雷达射线会由于隧道壁产生反射。在某些情况下，这些反射会影响调节反应。

二、汽车自适应巡航系统的系统说明

1. 自适应巡航控制系统的配置

奥迪车型有两种配置：

1）自适应巡航控制系统带一个控制器及一个雷达单元（右侧车距调节传感器 G259 和车距调节控制器 J428）。

2）自适应巡航控制系统带两个控制器及各一个雷达单元：右侧车距调节传感器 G259 和车距调节控制器 J428（主控单元）、左侧车距调节传感器 G258 和车距调节控制器 2 J850（副控单元）。

2. 系统参数

以下为自适应巡航控制系统功能的一些主要系统参数。

（1）作用距离和重叠角

雷达射线的作用距离和重叠角度取决于雷达发射和接收单元的结构和数量。有的车型能够可靠识别物体的作用距离约为 200m。有的车型上，该距离约为 180m。探测区域从车辆前的 0.5m 处开始。系统利用带有四个发射/接收器的发射和接收单元，其发射波瓣部分重叠。带两个发射和接收单元的汽车的雷达射线。由于双重雷达设计，重叠角明显扩大。

由此，自适应巡航控制系统就可及早地识别驶入本车道的汽车。自适应巡航控制系统可通过制动过程和/或警告信息做出相应的有预见性的反应。

（2）调节和车速范围

自适应巡航控制系统进行调节的允许车速范围取决于车型和各国情况。

（3）目标识别

在雷达感应器识别目标方面，所有奥迪车型上使用的自适应巡航控制系统均适用以下规定：自适应巡航控制系统只对运动物体或作为运动物体识别到的物体做出反应。系统虽然能识别静止的物体，但在基本功能中对静止的汽车、行人、动物、横向的或迎面而来的汽车不做反应。

但自适应巡航控制系统也有附加功能，可在调节过程中顾及静止物体。

以智能停止和起动功能为例，它可在静止的、有自适应巡航控制系统调节的车辆上和前方静止的车辆之间探测障碍物。当前方行驶车辆起步后，自动起步过程在这种情况下将采取相应修正步骤或完全中断。在这种情况下，通过附加的感应器（摄像头、超声波感应器）探测近距离范围内的障碍物。

3. 系统组件

（1）ACC 单元

如图 6-14 所示，传感器（雷达发射器和接收器）与控制器分别安装在同一个壳体内（以下称其为 ACC 单元）。这些部件无法分开，在售后服务中有需要时只能整体更换。该单元固定在一个支架上可以调整，并同支架一起拧紧在车辆保险杠上。

四个雷达发射器持续发出的雷达波通过透镜形的罩盖聚合。在透镜形的罩盖内装有一根加热丝，在大多数驾驶情况下，内置的电加热装置可防止积雪和结霜的干扰，避免雷达射线的衰减。控制器分析接收到的雷达信号。

如果控制器识别到调节需求，那么即通过对车辆的制动和加速来实现由驾驶人选定的与前车的期望车距。对此，根据需要利用以下功能：

1）导入主动制动（通过 ESC 制动单元，在奥迪 Q7 上通过主动式制动助力器）。

图 6-14　ACC 单元

2）根据需要降低或提高发动机转矩。

3）在配备自动变速器的汽车上，促使或抑制变速器的换档。

车距调节控制器通过数据总线系统与其他控制器进行通信。为此，自适应巡航控制系统控制器通过一个专门的数据总线与数据总线诊断接口（J533）连接。如图 6-15 所示，在使用两个发射/接收单元和两个控制器的自适应巡航控制系统上，采用主控/副控设计方案。控制器 J428 承担主控功能，控制器 J850 为副控单元。

（2）自动车距调节按钮 E357

如图 6-16 所示，操纵杆位于转向柱左侧。车距调节控制器解读开关位置信息并指令相应系统反应和调整。

4. 操纵和驾驶信息

（1）接通/关闭自适应巡航控制系统

如图 6-17 所示，操纵杆有两个卡止位置。如果要接通系统，只需将操纵杆朝驾驶人方向推到卡止位置 ON。要关闭系统时，朝相反方向将操纵杆推到卡止位置 OFF。

右侧车距调节传感器 G259 和　　　左侧车距调节传感器 G258 和
车距调节控制器 J428　　　　　　车距调节控制器 2 J850
（主控单元）　　　　　　　　　　（副控单元）

图 6-15　车距调节控制器

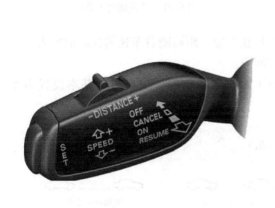

图 6-16　自动车距调节按钮

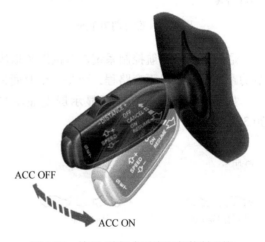

图 6-17　接通/关闭自适应巡航控制系统

在起动发动机后，根据操纵杆位置，自适应巡航控制系统或者位于准备就绪模式（操纵杆位置 ON），或者位于关闭模式（操纵杆位置 OFF）。

在使用操纵杆接通后，系统同样位于准备就绪模式。只有在设置了期望车速以后，自适应巡航控制系统才进入被激活模式并在需要时实施调节。

在自适应巡航控制系统接通的情况下，被驾驶人关闭的电控行车稳定系统（ESC）和驱动防滑系统将被自动激活。在自适应巡航控制系统已接通的情况下，这两个系统无法关闭。

（2）设置期望车速

按 SET（设置）按钮即可将当前行驶的车速作为期望车速储存下来。从 30km/h 起，可以在各车速调节范围内设置期望车速。在带有智能停止和起动功能的汽车上，也可在车速低于 30km/h 时设置期望车速。然后，车辆将被提速到 30km/h，接着据此进行调节。

当车速高于 250km/h 时，如在带两个自适应巡航控制系统单元的车辆上按 SET（设置）按钮，那么车辆即被减速到 250km/h，并接着据此进行调节。

如图 6-18 所示，可向上推操纵杆提高期望车速，向下推操纵杆降低期望车速（单位为 5km/h 或 10km/h）。当前的期望车速由车速表中的 LED 和在按 SET（设置）按钮后短时在中间显示屏出现的信息文字显示。

（3）设置期望车距

如图 6-19 所示，可操控点动开关分四档设置与前方行驶车辆的期望车距。

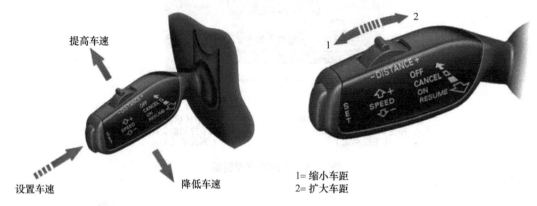

图 6-18 设置期望车速　　　　　　　图 6-19 设置期望车距

通过自适应巡航控制系统调节的距离取决于行驶车速。距离随着车速的提高而扩大。调节的距离不是一段不变路程，而是一个时间恒定间隔。

如图 6-20 所示，在中间显示屏上显示当前车距调节的情况。出厂时的基本设置为车距 3。

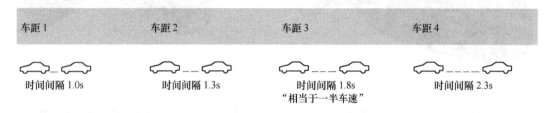

图 6-20 当前车距调节的情况显示

（4）设置行驶程序

在装备奥迪驾驶模式选择系统的车辆上，通过奥迪驾驶模式选择系统选择行驶程序，否则通过收音机/MMI 选择。

通过选用特定的行驶程序/行驶模式，驾驶人可对自适应巡航调节过程中的加速和跟车状态施加影响。驾驶人可选择的设置有"舒适""自动""动态"和"经济"。此外，如果选择较大的车距，那么原则上总是自动选用舒适的加速方式。选择车距 1 和行驶程序"动态"模式，可实现最大加速度，最舒适的则是车距 4 和"舒适"模式。选择经济模式，可使汽车低油耗运行，而且加速方式比较舒适。选择"个性化模式"，驾驶人可结合其他系统设置（发动机、变速器、转向机构等）自由选择所期望的加速方式。

（5）设置警报音量

通过图像和声音（报警锣音）向驾驶人提示系统的各种状态。在奥迪车型上，驾驶人可以根据自己的愿望通过收音机/MMI调整警报音量。为此提供"弱""中""强"三种音量设置。

如已激活了"关闭"设置,声音信号便切换为静音。即使报警锣音被关闭,出于功能要求的原因,并不是每个报警锣音信号都被关闭。在某些车型上,车上具有自动调整报警锣音的功能。

(6)系统状态显示

通过指示灯和仪表板中央显示屏上的信息向驾驶人提供系统状态信息。当前期望车速通过车速表中的发光二极管圆环显示,如图6-21所示。

5. 奥迪制动扩展辅助系统

奥迪制动扩展辅助系统在出现危险时向驾驶人发出警告。其典型的原因是:前方行驶车辆突然紧急制动或自身汽车以较高的车速驶近前方一辆缓慢行驶的车辆。

同样,不与前方行驶车辆保持必需的车距也是很大的潜在危险。即使自适应巡

图6-21 系统状态显示

航控制系统没被激活或被关闭,奥迪制动扩展辅助装置也处于激活状态。奥迪制动扩展辅助装置具有以下两种警告功能。

(1)车距警告

通过分析雷达信号,奥迪制动扩展辅助装置发现与前方行驶车辆的距离已较长时间明显缩短(小于选择车距1时要实现的车距)。如果前方行驶车辆紧急制动,那么就有可能导致碰撞。在这种情况下,如图6-22所示,奥迪制动扩展辅助装置发出警告信息向驾驶人提供支持。在显示屏上将激活指示灯闪烁红光。

(2)追尾警告(预警)

如果与前行车辆的距离缩短很快,以至于接下来只能通过规避或令人难受的制动动作来避免碰撞时,追尾警告即被引发。此时需要驾驶人做出直接反应。由于存在高度的潜在危险,如图6-23所示,通过激活中间显示屏中的警告灯和显示以及锣音向驾驶人发出警告。

图6-22 车距警告

图6-23 追尾警告(预警)

在这种情况下，驾驶人须主动制动，以提高制动压力（最大减速能力的 40% 以上）。如果驾驶人不针对警告做出反应，车距调节控制器在可避免碰撞的最后制动时间点前通过电控行车稳定系统（ESC）控制器短时施加制动压力。这能让驾驶人明显感觉到的警告性振动不是为了使车辆减速，而是再次警告驾驶人必须做出反应，避免行将发生的碰撞。如果驾驶人对严重警告（制动冲击）也不做出反应，那么系统即通过自动制动干预来提供支持。

三、汽车自适应巡航系统的检测

1. 雷达感应器的工作条件

尽管雷达射线的传播特性"强劲"，但是当"能见度条件"不充分时，自适应巡航控制系统可能会关闭。这可能是由各种原因造成的。

1）雷达射线的传播会因为天气条件大大削弱。比如在水花飞溅严重、迷雾或下雪时等。只有天气条件的改善才能解决这类问题。

2）雷达感应器的镜面已被污染。在清洁之后可重新使用自适应巡航控制系统。原则上可以使用所有普通汽车清洁剂进行清洁。

3）在车辆行驶的区域内自适应巡航控制系统可探测的目标很少。这种情况很少发生，比如在穿越类似沙漠的地区时。

4）在隧道中行驶时，自适应巡航控制系统可能会由于隧道壁面的信号反射被关闭。

2. 更换/拆卸和安装车距调节传感器和车距调节控制器

当传感器或者控制器损坏时，每次都要整体更换自适应巡航控制系统单元，两个部件不可分离。在安装自适应巡航控制系统单元后，需要调校传感器。为准确地进行调节，必须精确校准传感器。只有这样才能将同在一条车道上行驶的前方车辆识别为参照车辆。如果传感器在水平方向上调整得不精确，那么可能会出现根据相邻车道上的车辆进行错误调节的情况。

如图 6-24 所示，奥迪 A8 的保险杠已被更换。传感器已安装，但未经校准。由于误将右车道作为参照车道，自适应巡航控制系统现在根据在这条车道上行驶的轿车，而不是针对在同一条车道上行驶的货车进行车距调节。

图 6-24　相邻车道上的车辆进行错误调节

在以下情况下每次必须校准传感器：
1) 调节或更改过后桥前束。
2) 拆卸和安装过自适应巡航控制系统单元（传感器和控制器）。
3) 拆卸和安装过前保险杠。
4) 松开或移动过前保险杠。
5) 由于受到强力影响而导致前保险杠损坏。
6) 水平失调角度在 -0.8°~+0.8°范围以外。

如图 6-25 所示，在装备两个自适应巡航控制系统单元（右侧车距调节传感器 G259 和车距调节控制器 J428 以及左侧车距调节传感器 G258 和车距调节控制器 2 J850）的车上，必须调整两个传感器。此时，调整从具有主控功能的传感器 G259 开始。

图 6-25 装备两个自适应巡航控制系统单元的车型

自适应巡航控制系统单元用三个双头螺柱固定在支撑板上。支撑板与保险杠呈刚性螺栓连接。双头螺柱的末端为球头。球头用塑料球节套固定在支撑板的孔眼中。螺柱螺纹旋紧在传感器的塑料元件（卡夹）中。如图 6-26 所示，三个螺柱中的两个（A、B）螺柱用于调节传感器，第三个（C）螺柱不可调节地与传感器外壳连接在一起。旋转螺柱（A 或 B），传感器与支撑板的间距就改变，传感器围绕着由不可调节的螺柱（C）和第二个未被操控的、可调节的螺柱（B 或 A）形成的轴线摆动。由此可对传感器单独进行水平方向和垂直方向上的调整。在（旋转螺柱）调整时，必须使用调整工具 VAS 6190/2。

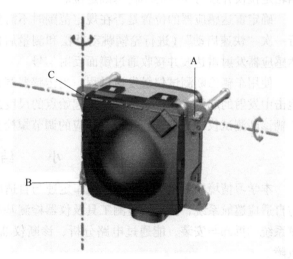

图 6-26 传感器的调整

可使用以下专用工具校准传感器：
1) VAS 6190A。
2) ACC 校准装置 VAS 6430 或校准装置，基本套件 VAS 6430/1 带 ACC，如图 6-27

所示。

3）反射镜 VAS 6430/3。

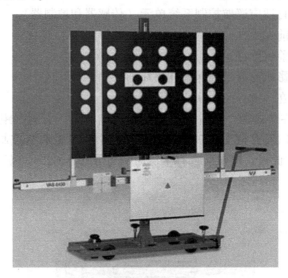

图 6-27　ACC 校准装置 VAS 6430/1

校准过程的基本原理：

必须将反射镜在车辆前面定位在与车辆的几何行驶轴线垂直的位置上。几何行驶轴线显示的是后桥的转动方向，因此也是车辆直行时的运动方向。精确定位反射镜时需要使用一台四轮定位仪并进行相应的车轮基础定位。

确定雷达感应器的位置是否在规定范围时不需要进行完整的车轮定位测试。在此只需进行一次"快速启动"（进行轮辋跳动补偿和测量后桥前束）；接着，车距调节控制器指令雷达感应器发射雷达波并接收通过镜面反射信号。

使用车辆诊断测试仪触发该过程。当传感器调整最佳时，反射回来的雷达波会重新准确地击中发射的起始点。控制器对偏离起始点的尺度进行分析并据此测定当时的失调角。通过车辆诊断测试仪得到信息：如何在相应的调节螺栓上进行改动。

小　　结

本学习情境主要是让学生掌握汽车定速与自适应巡航系统的工作原理，会操作汽车定速与自适应巡航系统，会使用检测工具及仪器检测基本的元器件，能进行汽车定速与自适应巡航系统的拆卸与安装，能通过电路分析、诊断仪器诊断汽车定速与自适应巡航系统的电路故障。

习　　题

一、填空题

1. 汽车巡航系统主要由_____、_____、_____和_____等组成。

2. 汽车巡航控制系统一般设有如下功能：_____、_____、_____和_____、_____等。

3. 自适应巡航控制系统带两个控制器及各一个雷达单元：_____ 和 _____、_____ 和 _____。

二、判断题

1. 在装备两个自适应巡航控制系统单元的车上，必须调整两个传感器。此时，调整从具有主控功能的传感器 G259 开始。（ ）

2. 定速巡航系统无限速控制，行驶车速低于速度下限时，也能设置巡航系统。（ ）

3. 自适应巡航传感器（雷达发射器和接收器）与控制器分别安装在同一个壳体内。这些部件无法分开，在售后服务中有需要时只能整体更换。（ ）

三、问答题

1. 简述汽车巡航系统的功能。
2. 以丰田卡罗拉轿车为例，简述汽车巡航系统电路的工作原理。
3. 以大众迈腾轿车为例，简述汽车巡航系统电路的工作原理。
4. 以丰田卡罗拉轿车为例，简述汽车巡航系统故障的诊断方法。
5. 以奥迪轿车为例，简述汽车自适应巡航系统车距传感器的校准方法。

考 核 工 单

汽车定速巡航系统考核工单

序号	考核项目		配分	评分标准（每项累计扣分不超过配分）
1	安全文明否决			造成人身、设备重大事故，或恶意顶撞考官、严重扰乱考场秩序，立即终止考试，此题计 0 分
2	工量具的选择及正确使用		15 分	(1) 不能正确选择工量具，每次扣 3 分 (2) 不能正确使用工量具，每次扣 5 分
3	线路及控制开关的检测	巡航控制主开关的线路检测	25 分	(1) 不检测 CCS，扣 5 分 (2) 不检测 ECC 线，扣 5 分 (3) 不检测 STP 线，扣 5 分 (4) 不检测 ST1-线，扣 5 分 (5) 不检测 SPD-线，扣 5 分 (6) 检测方法不正确，每次扣 5 分；导致短路，扣 25 分 (7) 不能判断检测结果，每次扣 5 分
		巡航控制主开关检测	40 分	(1) 不检测开关关闭和打开位置的电阻值，扣 8 分 (2) 不检测开关 +（加速）/RES（复位）位置的电阻值，扣 8 分 (3) 不检测开关 -（滑行）/SET 位置的电阻值，扣 8 分 (4) 不检测开关 CANCEL 位置的电阻值，扣 8 分 (5) 不检测制动开关，扣 8 分 (6) 不检测主开关打开位置的电阻值，扣 8 分 (7) 检测方法不正确，扣 3~40 分 (8) 不能判断检测结果，每次扣 8 分

(续)

序号	考核项目	配分	评分标准（每项累计扣分不超过配分）
4	安全文明生产	20分	（1）不穿工作服扣1分，不穿工作鞋扣1分，不戴工作帽扣1分 （2）不安装车漆表面防护布（罩）扣1分，不安装车内座椅防护套、转向盘套、变速杆套、地板衬垫每项扣0.5分 （3）工量具与零件混放，或摆放凌乱，每次每处扣1分 （4）发动车辆不接尾气排放管，每次扣1分 （5）不放置三角木，扣1分 （6）工量具或零件随意摆放在地上，每次扣1分 （7）垃圾未分类回收，每次扣1分 （8）竣工后未清理工量具，每件扣1分 （9）竣工后未清理操作过程中手接触过的车漆表面，每处扣1分 （10）竣工后未清理考核场地，扣2分 （11）不服从考官、出言不逊，每次扣3分
5	合计	100分	

学习情境七 导航无法打开

学习目标：

1. 知识目标

（1）了解汽车音响与导航的作用与构造

（2）掌握汽车音响与导航的工作原理

2. 能力目标

（1）能够操作和维护汽车音响与导航

（2）会识读汽车音响与导航的电路图

（3）能够诊断汽车音响与导航的故障并进行维修

职业情境描述

客户反映：导航无法打开，要求给予维修。

根据客户描述的导航无法打开初步判断，可能是导航供电系统或导航系统部件的故障。客户同时还描述了导航显示屏不能点亮，这表明故障更可能发生在导航供电系统中。经检测，导航供电熔丝损坏，需要更换新的熔丝。

工作任务一 汽车音响系统检修

一、汽车音响的特点与构成

1. 汽车音响的主要特点

汽车音响的主要特点是相对于家用音响而有的；它们虽同属音响范畴，有很多共同点，但与家用音响相比，汽车音响还是有很多特点，主要有以下几个方面。

（1）外形体积受到限制

汽车音响（一般指机头或主机）的体积。DIN（指汽车中控台预留给汽车电气的标准安装空间）规定为：183mm(长)×50mm(高)×153mm(深)。DIN 的两种方式含义如下所述。

1DIN：指一个标准空间（宽、高固定而深度不限），欧洲车型和中国车型一般采用此标准。

2DIN：指 1DIN 的 2 倍空间，它的高是 1DIN 的 2 倍，日本车型和一些欧美车型主要采用此标准。由于安装空间有限，汽车音响一般使用高密度贴装元件，采用多层立体装配结构。

（2）使用环境恶劣

汽车在路面上行驶，音响必定会受到振动和冲击。同时，它的安装位置离发动机不远，经常在高温条件下工作（温度有时高达60℃），所以要求汽车音响中的元件焊接牢固，并能耐高温。

(3) 元器件性能要求高

因为汽车音响在恶劣环境下使用，容易受到振动、冲击，容易受到发动机温度的影响，所以对元件性能和焊接要求都较家用音响高。

(4) 采用低压蓄电池供电

汽车音响一般用12V（或24V）蓄电池以负极搭铁形式直流供电。蓄电池在充电、负荷变化、环境温度变化等情况下输出的电压不是很稳定，一般在12～15V范围内波动，这对音质影响很大，因此要求汽车音响有稳压电路。由于汽车音响电源电压不高，要得到大功率的输出，一般只有降低扬声器阻抗和将功放接成桥负荷（BTL方式）来提高输出功率。

(5) 抗干扰能力强

汽车蓄电池的输出电压不是很稳定，会给音响的收音带来干扰。汽车音响中都装有一个扼流圈（CHOCK）元件（有些还装有大电容）来滤除这种干扰。气缸高压火也会通过发射电磁波来干扰音响，这种"干扰"一般采用铁皮进行隔离。

(6) AM/FM接受灵敏度高，动态范围大

汽车音响对AM波段的接收灵敏度一般要求小于50μV，FM波段的接收灵敏度要求小于3μV。AM波段的自动增益控制（AGC）范围要求大于40dB，且能承受1000mV大信号输入而不产生阻塞失真；FM波段收音要求信号捕捉稳定、接收灵敏度好、信噪比高等。

(7) 配用功率大、阻抗小、体积小的扬声器

与汽车音响相匹配的扬声器阻抗多为4Ω，口径一般在10～15cm，按频率可分为全频带、高频、中频、低频扬声器，功率为30～100W。扬声器的引线很粗，接线柱采用镀银的铜制成，以降低接触电阻，减少线路损耗。

(8) 便于夜间操作

为便于在夜间操作，汽车音响的按键能发出微弱的光，驾驶人在不开灯的情况下也能无误操作。在我国，汽车音响品牌很多，可以归为三大主流品牌系列，即欧洲品牌、美国品牌及日本品牌，如果对它们各自的特点有所了解，对欣赏各器材重放还原有极大的帮助。

1) 欧洲品牌。从设计上奉行电路简洁的原则，外表一般比较朴素，庄重。注重功效本身内在电路结构的精心设计以确保重放声音自然、音色表现力强、解析力强；音色细腻，富于色彩，失真度小，准确性强，尤其是对人声的表现极为真实。歌唱者发声气息、口齿、共鸣都表现得真切，使人有亲切感，得到了广大汽车音响发烧友的追捧。

2) 美国品牌。汽车音响的最大特点是功率储备十分充足，重放的特点是瞬态响应好，即适合重放节奏感较强的音乐，功放电路设计一般采用高档元器件，对低音的重放较为讲究，外观设计透出金属感，比较有质感，但不华丽。其功率大，动态大，声电转换速率快，音态跟随能力强，瞬态特性好，技术参数高，被广大汽车音响发烧友所青睐。

3) 日本品牌。汽车音响注重功能齐全，外观设计较为漂亮和新颖，电路的集成化程度较高，使用功能十分复杂。华丽的外表很吸引消费者，但其内在电路及元器件都用料一般。由于电路中集成电路的大量采用，使器材重放声音较为生硬，层次感和细节表现欠佳。但日本品牌的汽车音响以其物美价廉的市场定位，占有了中国的大部分市场。

2. 汽车音响系统的总体构成

汽车音响系统一般由天线、接收装置、声场修正、可听频率增幅和扬声器5部分组成，如图7-1所示。

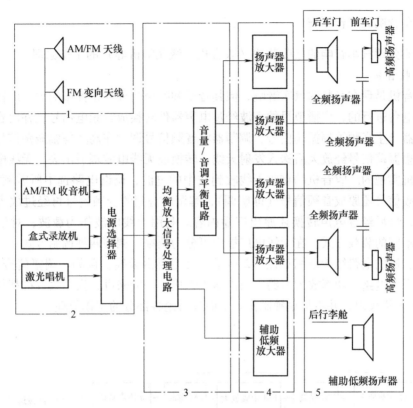

图7-1 汽车音响系统的总体构成

1) 天线。无线电广播将声音信号转化为以电磁波为载体的电波，天线接收广播电台发射的电波，把信号送入调谐器输入端，经调谐器选择所需的电波信号。汽车天线大致可分为在车身上伸出金属的柱式天线和装在车身内的玻璃天线两种。对于柱式电动天线，它主要由直流永磁电动机、减速器、卷索器、继电器、开关、天线及线管组成，由继电器改变电动机电枢电流的方向，即改变电动机的旋转方向，通过减速器、卷索器推拉天线伸缩。

2) 接收装置。接收装置包括收音机、磁带录放机、激光唱机等。一般收音机都跟磁带录放机、激光唱机制作在一个机头内。广播电台发射的电波通过盒式录放机内的收音装置接收并转为可听音频；密纹激光唱片的数据通过激光唱机内的激光头接收并送入音频数字处理电路转变为可听频率。

3) 声场修正。声场修正按照车厢内声场特性及听者爱好，增强或减弱频率带，具有修正声场的功能。其设有只允许通过特定频率的滤波器和增幅控制电路，以提高车内音质。

4) 可听频率增幅。可听频率增幅可以增强可听频率电信号的功率，加大扬声器音量。

5) 扬声器。扬声器是最终决定车厢内音响性能的重要部件。扬声器口径大小和在车上的安装方法、位置是决定音响性能的重要因素。为了在更宽阔的频率域中获得音响定位感和声音扩展感的高品质音乐,车上最少要装两个或两个以上的扬声器,形成多扬声器系统。这时,不是把相同特性的扬声器加以组合,而是把扬声器本身最佳的频带域的声音进行再生,去除不需要的频带。

二、汽车音响的工作原理

下面主要介绍汽车音响的接收装置(收音机、激光唱机等)的工作原理。

1. 汽车收音机

汽车收音机是现在必装的汽车音响,但其音质和噪声受外界条件影响大。广播节目的发送是在广播电台进行的,广播节目的声波经过电声器件转换成音频电信号,并由音频放大器放大。振荡器产生高频等幅振荡信号,调制器将音频信号调制在高频等幅振荡信号上,已调制的高频等幅振荡信号经放大后送入发射天线,转换成无线电波辐射出去。无线电广播的接收是由收音机实现的。收音机的接收天线收到空中的电波,调谐电路选中所需频率的信号,检波器将高频信号还原成音频信号(即解调),解调后得到的音频信号再经过放大获得足够的推动功率,最后经过电声转换还原出广播内容。利用无线电波作为载波,对信号进行传递,可以用不同的装载方式。在无线电广播中可分为调幅、调频两种调制方式。

汽车收音机的电路结构框图如图7-2所示。其主要由天线,调频、调幅信号处理电路,音量、音调平衡电路,功率放大电路,扬声器等组成。一般来讲,汽车收音机都与磁带机或CD机做在一个机头内,并不是单独制作。下面来讨论各部分的工作原理。

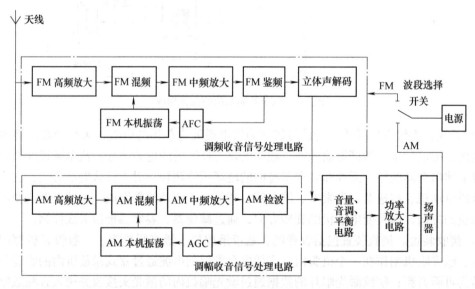

图7-2 汽车收音机的电路结构框图

(1) 天线

天线用于接收广播电台的发射电波,发射电波包括调频(FM)波和调幅(AM)波。

(2) 高频放大电路

高频放大电路用于选择和放大从天线送来的微弱高频电信号。在调幅收音电路中,选择接收和放大的电磁波一般为长波、中波和短波三大波段。长波的频率范围:150~415kHz,

中波的频率范围：535~1605kHz，短波的频率范围：1.5~26.1MHz。我国只有中波和短波两大波段的调幅波无线电广播。中波广播使用频段的电磁波主要靠地波传播，也伴有部分天波；短波广播使用频段的电磁波主要靠天波传播，近距离内伴有地波。在调频收音电路中，选择接收和放大的电磁波一般为超短波，使用频率为87~108MHz，主要靠空间波传送信号。

（3）本机振荡电路和混频电路

假设高频放大电路从外面接收到的信号频率为 $f_{外}$，本机振荡电路的频率为 $f_{本}$，则这两个信号经过混频电路混频后，输出一个差频信号，叫中频信号 $f_{中}$，其中 $f_{中}=f_{本}-f_{外}$，它是一个比高频信号频率低，而比低频信号频率高的超音频信号，这种收音方式称为超外差式，大部分收音机都采用这种方式接收。本机振荡电路可以产生一个等幅的正弦波信号，它始终比外来输入的电台调制信号高出一个固定的频率。我国调幅收音机的中频为465kHz，调频收音机的中频为10.7MHz。

（4）中频放大电路

中频放大电路把混频后输出的差频信号选出并进行放大，它是收音机的心脏部分，对收音机的灵敏度、选择性、增益和音质都有直接影响。调频收音和调幅收音可以共用一个中频放大电路。

（5）检波和鉴频

调幅收音机中频信号的包络是音频信号，如图7-3a所示，包络随音频信号强弱而变化，经过检波电路后，将调幅信号包络解调下来，得到调制前的音频信号，如图7-3b所示。

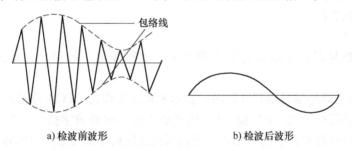

a) 检波前波形　　　　　　　b) 检波后波形

图 7-3　检波前后的波形

调频收音机中频信号的频偏（频率疏密）随音频信号强弱而变化，如图7-4a所示，经过鉴频电路后，先把频率随音频信号强弱变化的中频信号变为幅度随音频信号强弱变化的中频信号，然后再通过检波电路解调出音频信号，如图7-4b所示。

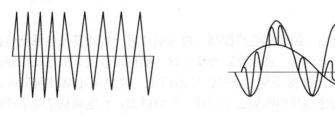

a) 鉴频前波形　　　　　　　b) 鉴频后波形

图 7-4　鉴频前后的波形图

（6）自动增益控制和自动频率控制

广播电台信号有强有弱,收音机在接收强弱不同的信号时,音量会起伏变化。为了使输出信号大小不至于太悬殊,需要有自动增益控制(AGC)电路。AGC 电路可以使检波前的放大增益自动随输入信号的强弱变化而增减,以保持输出的相对稳定。自动频率控制(AFC)电路用来保持本机振荡的频率稳定,避免中频失谐。

调幅收音电路的信号幅度不是很稳定,需要将 AM 检波后的信号经 AGC 电路反馈给 AM 本机振荡电路,以便稳定 AM 中频放大后的电压,使电台信号不同时,自动调节增益,获得一致的收听效果。调频收音电路的信号频率不是很稳定,音频输出可能有"跑台"现象,需要将 FM 鉴频后的信号经 AFC 电路反馈给 FM 本机振荡电路,以便稳定 FM 中频放大后的频率。一般来说,AFC 是调频收音机特有的。

(7)立体声解码电路

解码电路把 FM 鉴频电路输出的立体声复合信号先进行分离,分离出主、副信号和导频信号,然后进入电子式调解器,用导频信号调制的载波作为电子式调解器的开关频率,调解出左、右声道信号。

(8)音量、音调平衡电路

对进入功率放大器的音频信号进行幅度增减、频率补偿,以便可以调解扬声器输出声音的音量大小和频率高低。

(9)功率放大电路

功率放大电路能把音量、音调平衡电路送来的信号进行功率放大,以便推动扬声器发声,同时声音不能失声。

2. 汽车激光唱机

汽车激光唱机是现在比较流行的汽车音响,其音质好、噪声低,是比较理想的汽车音响。

CD 唱机是基于脉冲编码调制(PCM)技术原理而工作的。PCM 技术是先将模拟音频信号用"A/D"转换器转变成"0"或"1"组成的二进制脉冲数字信号。光盘就是通过 PCM 技术把音乐信号进行数据记录的密纹片。光盘所记录的信号通过激光光电转换器进行非接触式读出。激光头对信号记录部分的凹凸处不断照射激光,利用光接收器转换成数字电信号,并对转换成的数字电信号进行数模转换并放大,从而恢复原来的音乐信号。

现代激光唱机是集激光、数码和微电脑等几种最新技术为一体的新型唱机。它包括唱盘系统、激光系统、伺服系统、信号系统、信息存储及控制系统等,其电路结构框图如图 7-5 所示。

(1)唱盘系统

激光唱机设唱片仓,由一组伺服电路控制。放入唱片后,接通其他各系统电路,准备放音。仓内设有盖板等一整套机构,将唱片定心反压紧。唱机由微型直流电动机驱动旋转、激光拾音器则由内向外运动,寻找光盘上录有信号的凹槽。因为激光束以固定线速扫描信号槽,而唱片的近中心到边缘部分的圆周长度不同,所以微型直流电动机带动唱片的转速要随着拾音器的向外移动而不断变化,它的转速由 500r/min 逐渐减至 200r/min,转速的变化和拾音器的自动跟踪都是用微电脑组成的"主轴伺服""进给伺服""跟踪伺服"等系统自动控制的。

(2)激光系统

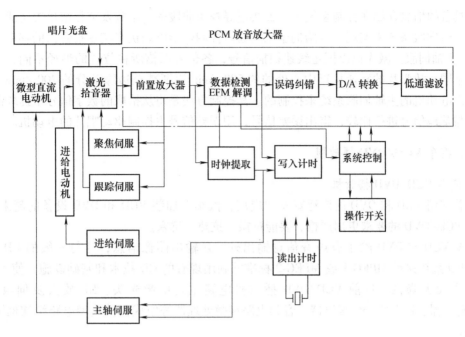

图 7-5 现代激光唱机电路结构框图

激光头在汽车 CD 音响组成部分中，技术难度要求最大，它是 CD 音响的心脏，它的性能是决定整机性能的主要因素。

播放 CD 盘片时，激光头不断向光盘发射光束，同时检测由光盘反射回来的光束。CD 盘片上有凹槽部分和无凹槽部分，对激光束有不同的反射特性，有凹槽部分对激光束的反射较弱，大部分光束被凹槽散射掉，无凹槽部分对激光束的反射作用很强。激光头射出连续的激光束，经光盘反射后，变成断续的激光束。这种断续性是与光盘上的信息内容相对应的，捡出了这种断续性的信号，也就读出了光盘上的信息。也就是说，反射回来的激光束受到光盘信息的调制，将这种调制解出，就可以得到相应的信息。激光头读出的信息再经过放大、滤波、格式变换、解压缩和 D/A 转换，就还原成原来的音频信号。

（3）伺服系统

光学捡拾信号的要求很高，需要一套伺服机构自动控制，具体包括以下几个部分。

1）聚焦伺服。激光射到唱片信号面上的光点直径必须始终保持在 $1.7\mu m$ 左右。聚焦伺服系统的作用就是不断地让"物透镜"随它与唱片之间的距离变化而上、下自动移动，使激光束保持准确对焦。

2）跟踪伺服。在盘面上信号槽之间的距离只有 $1.6\mu m$，即使激光点的直径正确了，激光点本身未能准确扫描在轨迹的中心线上，或由于唱片偏心而使光点偏移到相邻轨迹，甚至偏移到相隔数条的轨迹上时，就不可能有正确的重放信号。故激光唱机必须具备跟踪伺服系统，检测出轨迹偏移误差信号，控制"跟踪反射镜"，使光点沿唱片半径方向移动，自动跟踪信号槽的轨迹进行扫描。

3）进给伺服。因数码唱片上的轨迹是螺旋状的，所以还必须有一个伺服系统，以便使激光束扫描放音时，同轨迹由内向外的半径位置变化一致，这就是进给伺服系统。此外，激光唱机具备的信息存储在控制系统中，如快速寻找乐曲段落、重放及节目编排等功能，都需要通过进给伺服系统来实现。进给伺服系统通过控制进给电动机来实现拾音器的移动。

4）主轴伺服。激光束以恒定线速扫描信号，各信号凹槽所在位置的半径不同，其圆周长度也不同，故唱片的转速从近中心处的约500r/min 逐渐减至边缘部分的200r/min。转速变化是由电动机的主轴伺服系统来控制的。其控制方法是将从拾取的数字信号中提取出的时钟信号与基地信号进行比较，得出误差信号，用误差信号去控制驱动唱片的电动机。

三、汽车 VCD/DVD 播放机

1. 汽车 VCD/DVD 播放机

随着家用 VCD 和 DVD 的广泛普及和应用，汽车上加装 VCD 和 DVD 设备的越来越多。汽车上 VCD/DVD 的要求更加严格，要能抗振、抗热、抗寒。

汽车 VCD 与 DVD 除了有声音信息输出外，还输出图像信息，这与一般的 CD 不同。VCD/DVD 系统采用 MPEG-1 或 MPEG-2 标准并利用现有的 CD 技术和基础设施，使 VCD 和 DVD 成本大大降低。目前 VCD/DVD 播放机电路主要由激光头、RF 放大及伺服电路、MPEG 解码器、PAL/NTSC 编码器、音频电路和微处理器等组成。其典型电路结构框图如图 7-6 所示。

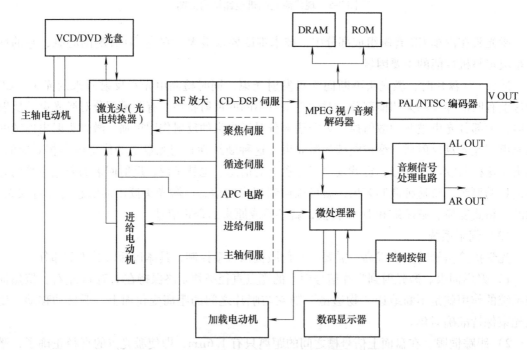

图 7-6 汽车 VCD/DVD 播放机典型电路结构框图

记录到光盘上的信息是用光盘上从内圈到外圈螺旋形排列的一系列凹槽（亦称信息纹）来表示的。光盘旋转时，激光头发出的光束必须准确地投射到信息纹上，而且激光束的聚焦点须在光盘的信息面上，才能正确地读出信息。伺服电路的作用就是通过检测聚焦误差和循迹（跟踪）误差来自动控制激光头中的聚焦线圈和循迹线圈，使激光束不偏离光盘上的信息纹。只有伺服系统正常工作，才能保证激光头正确地读取信息。

伺服电路中设有聚焦误差和循迹误差检测后处理电路。光盘旋转时会因机械误差和光盘定位间隙而不可避免地出现较大的偏摆现象。伺服电路通过对误差的检测和处理,形成聚焦线圈和循迹线圈的控制信号,此信号送到驱动电路,由驱动电路产生驱动线圈的电流。当激光唱机工作时,光盘与激光头之间不断地出现误差,伺服电路也就不断地将误差转换成驱动电流去驱动线圈。聚焦线圈和循迹线圈是与激光头的物镜制作在一起的,线圈在磁场中移动就可以纠正所产生的误差。误差不断地产生,伺服电路就不断地产生控制信号,这样就构成了一个动态的自动控制环路,将误差控制在允许的范围之内,由此就可使伺服系统处于同步锁定状态。

盘片是由主轴电动机驱动旋转的,读取信息时,要求盘片信息纹与激光头之间的相对运动有一个恒定的线速度。这样,光盘的角速度在播放过程中是变化的。在播放过程中,激光头在进给电动机的驱动下由内圆向外圆移动。激光头的移动与主轴电动机驱动的关系是盘片每旋转1周,进给机构使激光头向外移动一个信息纹的间隔($1.6\mu m$)。为了实现上述运动,伺服系统中还设有主轴电动机伺服电路和进给电动机伺服电路。主轴电动机伺服电路的作用是通过对光盘输出信息中同步信号的检测来获得误差信号,再将同步信号的误差转换成驱动控制信号,用于改变主轴电动机的转矩,以纠正旋转误差。进给电动机的驱动是由伺服电路根据系统控制电路的指令进行控制的。进给电动机驱使激光头的移动与主轴电动机协调一致。

APC电路为半导体激光器提供发射功率的自动控制信号。当RF输出信号太弱时,APC电路就会自动加大一定的输出功率;反之,当RF输出信号太强时,APC电路就会自动减小一定的输出功率。

MPEG视/音频解码器用于将压缩的视频和音频数字信号还原成未经压缩的数字信号。解压缩过程还要利用到只读存储器(ROM)和随机动态存储器(DRAM)。它首先分离来自播放机芯数据流中的声音和电视图像数据,建立声音和电视图像的同步关系,再对压缩的电视图像数据进行解压缩,重构出广播级质量的电视图像,并且按电视显示格式重组电视图像数据,再送给电视系统,然后对压缩的声音数据进行解压缩,重构出CD质量的环绕立体声,并且按声音播放系统的要求重组声音数据,然后送给立体声系统。

PAL/NTSC编码器用于将MPEG-1解压缩出来的视频信号按使用者的要求编排成PAL或NTSC制式的电视信号。

音频信号处理电路中的音频D/A变换器将MPEG-1解码电路输出的数字音频信号还原成模拟音频信号,再通过卡拉OK电路处理后,输出具有各种效果的立体声信号。

DVD系统与VCD系统相类似,相比之下,DVD容量更大,编码方式更为复杂,音质和画面都更好。

当今很多汽车视频播放机不光具有传统的看盘片功能,还具有收听、收看广播和电视、卫星定位、硬盘数码存储等功能,甚至可以上网。

1) 播放盘片。这是最基本、最普遍的功能,一般视频播放机都具有此功能。

2) 收听、收看广播和电视。这种功能现在也正在慢慢普及。如果机头内有TV调谐器,可以收到无线电视节目,如松下CQ-AV 800EWT型车载电视;有些机头内有卫星接收器,可以收看卫星电视,如阿尔派CVA-1004多媒体音响系统。

3) 卫星定位。目前很多视频DVD和GPS导航制作在一起,可以放盘片、看电视、听

147

音乐、收广播、玩游戏、卫星导航等,如江苏新科电子集团和北京合众思壮科技有限责任公司联合推出的车载 DVD + GPS 导航汽车影音系统。

4) 硬盘数码存储。这种功能现在也越来越流行。因为光盘、广播电视里的歌曲或节目总有一些自己喜欢的,如果把自己喜欢的歌曲或节目存到硬盘上,随时可以播放,那是十分惬意的事。如索尼 MEX-1HD 型 CD 音响就带有双硬盘,可以把自己喜欢的 CD 歌曲录制在硬盘里。现在很多影音系统都设有 LISB 接口,便于将自己下载的节目上传到硬盘里播放。

5) 上网。现在,手机等移动设备都实现了上网,在汽车上实现此功能自然也不是问题,只是用的概率相对较小,一般只能在停车的时候玩,不像听音乐可以边开车边听。

2. 车载显示器

以前在车上(主要是旅行客车)见到的车载显示器都是使用彩色显像管作为显示屏的。其缺点是很明显的,首先是体积庞大、占地大、太重,不利于在空间小的车上安装;其次是耗电大,易产生热量。由此可见,该类显示器实际上不太适合作为车载显示器,它正逐步地被液晶屏显示器所替代。

现在所用的显示器大多是液晶屏显示器,它体积轻薄、图像稳定、耗电量少、发热少,并且耐高、低温,规格从 14cm(5.6in)到旅行车用的 43cm(17in)都有,非常适合车载。液晶屏显示器除了显示屏外,技术含量并不高。

显示器使用的都是 LCD 液晶显示器,目前有 DSTN 和 TFT 两种类型,就是俗称的伪彩和真彩。DSTN 显示器利用内部液晶分子以层超扭曲丝状排列结构来反射光线进行颜色变化。由于折射问题,DSTN 显示器和 TFT 显示器色彩上有一定的差别。DSTN 显示器的缺点是视角小、图像质量差、分辨率和彩色深度低,只能提供 EGA 分辨率(540×350),显示 16 种颜色。其优点是产品成本低,价格便宜。TFT 是一种薄膜晶体管,能在很宽的视线看到明亮的高对比度的图像,具有改善动画及全运动图像的高刷新率(场频),还有较快的响应速度。其缺点是价格较高,除品牌 DVD 原机显示屏外,大多国产车载显示屏都是 DSTN 显示器。

要想鉴别 DSTN 显示器和 TFT 显示器,可以播放图像,观察显示屏的色彩饱和度,再从显示屏的侧面看,如果可视角度很大,则是 TFT 显示屏,反之,则是 DSTN 显示屏。

车载显示器的主要功能是显示图像,有些也带有电视接收功能,但其效果非常差。在名牌 DVD 产品中,有专门的一个系统用作电视接收工作,才能保证为数不多的几个频道达到正常收看的效果,其技术含量较高。

四、汽车激光视听装置的检修

1. 汽车激光视听装置的检修注意事项

检修 CD 唱机等激光视听设备,要特别注意以下几个问题:

1) 拆卸、检查和安装中要特别注意保护镜头和精密机械部件,手不要触及镜头透镜,清洗镜头时注意不要让棉纱和尘埃留在镜头上。

2) 在检修时,绝对不能用眼睛直视激光光路的方法来确定激光是否接通。眼睛应尽可能保持远离激光拾音器 30cm 以上,以免造成对眼睛的伤害。

3) 注意防静电。人体通常都带有静电,一般情况没有什么危害。但激光音视设备中的 IC 均采用 CMOS 技术,其输入阻抗很高,人手上的静电碰上 CMOS 电极会产生较高的电压击穿电极，造成 IC 的损坏。对静电最敏感的部件是激光拾音器，它更容易受人体静电损坏。

4）不要随便调整电路板上的电位器。在打开机盖后，除非绝对必要，不应随手调整电路主板上的调整电位器；因为这些调整电位器是在机器出厂时严格校对好的。

5）在拆卸时要切断电源，同时应防止振动和用力过大而使内部器件损坏。

2. 车用 CD 唱机常见故障的检修步骤

一般故障检修步骤如图 7-7 所示。

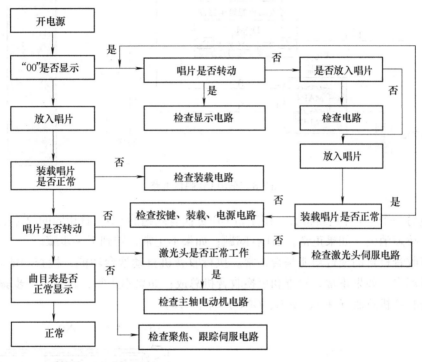

图 7-7　车用 CD 唱机检修步骤

3. CD 唱机电路检修

车用 CD 唱机常见的故障有托盘不能开启、激光二极管无输出、唱片目录不能正确读出、激光拾音器聚焦不正确、激光拾音器跟踪轨迹有误、转盘（唱机）电动机转动不正常及信号处理电路失常等。下面以丰田威驰轿车为例，介绍车用 CD 唱机电路的检修。

（1）CD 不能插入或插入后不能弹出的检修

1）电路图如图 7-8 所示。

2）检查程序。

①检查是否插入一个合适的 CD。确信是一个正常的音乐 CD，并且没有变形、裂纹、脏污、划伤或其他缺陷。标准：正常的音乐 CD。如果不正常，CD 有问题；如果正常，转到下一步骤。

②插入一个合适的 CD，检查 CD 是否装反。标准：没装反。如果不正常，正确安装光盘；如果正常，转到下一步骤。

③清洁光盘（图 7-9）。如果光盘脏污，用软布按箭头方向从中心向外擦拭表面。如果正常，光盘脏污；如果不正常，转到下一步骤。

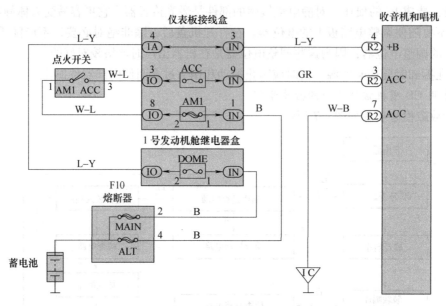

图 7-8 车用 CD 唱机电路

④更换另一个 CD 并重新检查。用正常 CD 更换有问题的 CD，看相同的故障是否再次发生。标准：故障消失。如果正常，CD 有问题；如果不正常，转到下一步骤。

⑤检查收音机自动搜台功能是否正常。执行收音机自动搜台功能，检查功能是否正常。标准：故障消失。如果正常，检查和更换收音机总成；如果不正常，转到下一步骤。

⑥检查收音机总成（+B、ACC、GND）（图 7-10）。

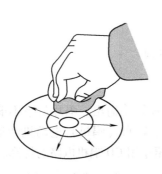

图 7-9 清洁 CD 盘面

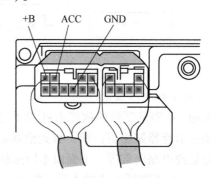

图 7-10 检查收音机总成

检查每个工况下端子间的导通情况，其标准应符合表 7-1 所示要求。测量每个工况下端子间的电压，其标准应符合表 7-2 所示要求。如果正常，检查和更换收音机总成；如果不正常，修理或更换线束或插接器。

表 7-1 检查端子间是否导通

测试器连接	条件	标准状态
车身搭铁—GND	常态	导通

表 7-2 检查端子间的电压

测试器连接	条件	标准状态
+B—GND	常态	10～14V
ACC—GND	点火开关位于 ACC 或 ON	10～14V

（2）CD 不能播出的检修

1）电路图如图 7-8 所示。

2）检查程序。

①检查是否插入一个合适的 CD。确信是一个正常的音乐 CD，并且没有变形、裂纹、脏污、划伤或其他缺陷。标准：正常的音乐 CD。

注意：不能播放半透明或异形的 CD；个人计算机使用的 CD-ROM 和 CD-R 不能播放；播放 80mm 的 CD 不需要适配器。

如果不正常，CD 有问题；如果正常，转到下一步骤。

②插入一个合适的 CD，检查 CD 是否装反。标准：没装反。如果不正常，正确安装光盘；如果正常，转到下一步骤。

③清洁光盘（图 7-9）。如果光盘脏污，用软布按箭头方向从中心向外擦拭表面。

注意：不要使用普通录音机的清洁剂或防静电防护剂。

④更换另一个 CD 并重新检查。用正常 CD 更换有问题的 CD，看相同的故障是否再次发生。标准：故障消失。

如果正常，CD 有问题；如果不正常，转到下一步骤。

⑤检查收音机自动搜台功能是否正常。执行收音机自动搜台功能，检查功能是否正常；标准：故障消失。

如果不正常，转到步骤⑦；如果正常，转到下一步骤。

⑥检查是否车内的温度急剧变化。标准：车内的温度急剧变化。

注意：车内温度急剧变化会使 CD 唱机内产生结露现象，CD 可能不能播放。

如果正常，由于温度变化而结露（使用前放置一段时间）；如果不正常，检查和更换收音机总成。

⑦检查收音机总成（+B、ACC、GND）（图 7-10）。

检查每个工况下的端子间导通情况，其标准应符合表 7-1 所示要求。测量每个工况下端子间的电压，其标准应符合表 7-2 所示要求。如果正常，检查和更换收音机总成；如果不正常，修理或更换线束或插接器。

4. 车用 VCD 影碟机的检修

（1）故障检修步骤

VCD 激光影碟机的大部分组成系统与 CD 唱机相仿，因而在检修时，可借鉴检修 CD 的方法。

当 VCD 影碟机出现故障时，如无声无像、声像不稳等，可按图 7-11 所示的步骤进行。首先应判断是否 CD 部分出了故障，因为它是声像的公共通道，判断的方法是播放一张 CD 音乐碟片，若能正常播放，显示稳定均匀，则故障不在 CD 部分；若 CD 碟片也不能正常播放，则首先应检修 CD 部分。

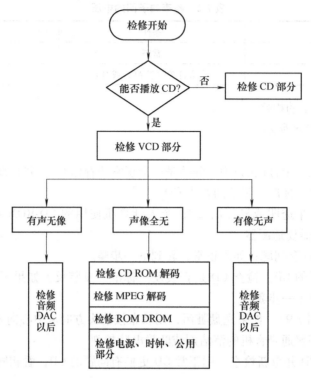

图 7-11　VCD 故障检修步骤

当故障在 VCD 部分时，应根据图像和声音的有无，进行故障部位划分。当出现声像全无时，应检查 CD-ROM 解码器和 MPEG-1 解码器。因为这是数据的公共通道。而且由于声像解码互锁的关系，无论是音频解码或视频解码部分故障，都会引起解码停止。对于 CL480 系列单片解码芯片，无论是音频解码还是视频解码损坏，都必须更换 CL480 系列芯片。

检修声像全无的故障，思路应扩大到解码芯片和外围电路，如电源电路、时钟电路、DRAM 电路和 EPROM 电路。若所有硬件和接线都没有查出问题，可将同型机的 EPROM 更换一试，看是否是 EPROM 内部软件有误。

当声音和图像只出现其一时，问题必然在解码输出以后，包括解码器至 DAC 电路的引线、DAC 电路、时钟信号电路、同步信号电路、参考电压电路等，还有 DAC 以后的电制式编码电路和复合同步信号电路、彩色副载波信号电路、电源电路以及输出放大电路。应逐级孤立检查、判断、排除故障。

(2) 车用 VCD 的检修方法

1) 碟片不旋转。

初步诊断：初步诊断中主要观察的部件是激光拾音器组件和主轴电动机。要求观察的各项动作均对应着与此动作相配合的工作电路或执行部件，如果察觉出某项动作过程不正常，就可以提高诊断进程，有利于正确迅速排除故障。初步诊断主要观察三个动作过程，它们分别对应着滑动控制、聚焦搜索和激光控制系统。激光头进入内圈时，聚焦物镜应做上下搜索动作，同时激光管点亮呈暗红色。还要判断主轴电动机的旋转趋势，如果存在这种趋势，则可将检修判断位置一下子移到主轴驱动单元，暂时可以不必按详细诊断过程逐节判断。

详细诊断：FOK 信号是关键检查信号，它对主轴电动机是否旋转有直接影响。在无 FOK 信号的情况下，应该弄明白 FOK 信号的形成与哪些系统有关，在此列出三个有待检查的系统，其中有的系统是否需要检查可以结合初步诊断的结果而行事。碟片不旋转的详细诊断程序如图 7-12 所示。

2) 无法读取目录信号。

初步诊断：观察激光组件滑动机构，在主轴电动机旋转时，激光组件离开原来静止的起始位置，朝外运行，以便光头读取目录。如果在观察中发现在主轴电动机旋转后，激光器组件很快由内向外滑行，说明跟踪伺服系统存在故障的可能比较大，则可进一步检查滑动机构是否存在卡死、传动不良等情况。另外，多功能显示屏工作状况以及主轴电动机的起转速度均属观察之列。

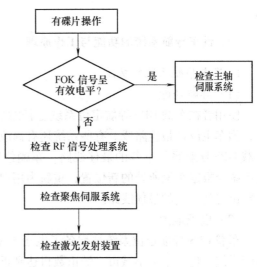

图 7-12　碟片不旋转详细诊断

详细诊断：观察的关键信号是眼图，如图 7-13 所示。眼图幅度必须符合一定范围要求，一般在维修手册上均提供该项数值。其次注意眼图菱形孔的清晰程度。如果眼图无法正常出现或幅值偏小的话，应该检查跟踪伺服系统，包括跟踪线圈和跟踪激光传感器。另外，RF 信号系统内的激光接收、RF 信号放大的异常都会引起眼图幅度下降。在观察到眼图比较正常的情况下，可以考虑数字信号处理内的锁相环频率是否正确，若频率偏移过多，使锁相失锁，会影响位同步信号的提取。目录信号读取显示与子码译码和传输均有关联，在排除故障时应逐一检查判断。检查流程如图 7-14 所示。

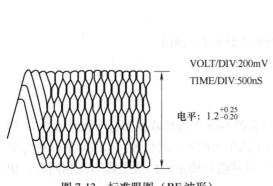

图 7-13　标准眼图（RF 波形）

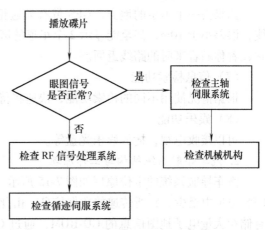

图 7-14　无法读取信号的检查流程

工作任务二 汽车导航系统的检修

一、汽车导航系统的功能与工作原理

1. 汽车导航系统的功能

（1）导航功能

使用者在车载 GPS 导航定位系统上任意标注两点后，导航系统便会自动根据当前的位置，为车主设计最佳路线。有些系统还有修改功能，假如用户因为不小心错过路口，没有走车载 GPS 导航系统推荐的最佳线路，车辆位置偏离最佳线路轨迹 200m 以上，车载 GPS 导航系统会根据车辆所处的新位置，重新为用户设计一条回到主航线路线，或为用户设计一条从新位置到终点的最佳线路。

（2）电子地图

车载 GPS 导航定位系统都配备了电子地图，一般覆盖全国各大省会城市。功能强大的地图系统还包含了中小城市，城市数目达到近 400 个，可以随时查看目的城市的交通、建筑等情况。

（3）转向语音提示功能

如果前方遇到路口需转弯，系统具有转向语音提示功能，这样可以避免车主走弯路。此外，可以查阅街道及其周围建筑物，甚至可能具有一些城市交通中的单行线、禁左、禁右等路况信息供查阅。

（4）定位功能

GPS 通过接收卫星信号，准确地定出车辆所在的位置。如果装置内带有地图的话，就可以在地图上相应的位置用一个记号标记出来。同时，GPS 还可以显示方向、海拔等信息。

（5）测速功能

通过 GPS 对卫星信号的接收计算，可以测算出车辆行驶的具体速度。

（6）显示航迹

如果去一个陌生的地方，GPS 带有航迹记录功能，可以记录下用户车辆行驶经过的路线，误差小于 10m，甚至能显示 2 个车道的区别。回来时，用户可以启动它的返程功能，让它领着你顺着来时的路线返回。

（7）信息检索功能

根据情况使用不同的检索功能，快速将待查地点显示在画面上。

（8）娱乐功能

可以接收电视，播放娱乐光盘等。

2. 汽车导航系统结构与工作原理

汽车导航系统的定位原理如图 7-15 所示。内置的 GPS 天线接收到来自环绕地球的 24 颗 GPS 卫星中至少 3 颗所传递的数据信息，由此测定汽车当前所处的位置。车载导航仪内部装有储存大量电子地图信息的 CD-ROM，通过 GPS 卫星信号确定的位置坐标与此相匹配，便可确定汽车在电子地图中的准确位置。

汽车导航系统主要由电子计算机、方位检测设备、电子道路数据及显示器组成，如图 7-

16 所示。车辆前座中央有约 6in(1in = 2.54cm) 的显示器，可显示道路地图和其他有关交通信息，其数据由 CD-ROM 提供。车的前、后部各装有 GPS 接收天线，GPS 接收器装在行李舱内，地磁传感器装在车顶，在车轮上装有车速传感器，转向机构上装有转向角传感器等。有关信息经导航微处理器（ECU）统一管理，通过显示器显示汽车导航。

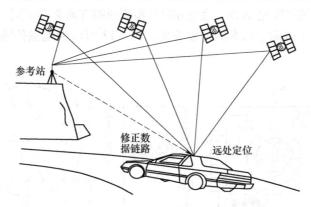

图 7-15　汽车导航系统的定位原理

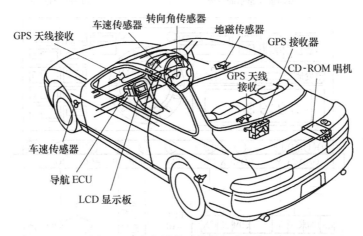

图 7-16　汽车导航系统的组成和布置

该系统可为一辆以上的车辆提供其在地球表面上的导航，它可在任一给定时间内精确确定车辆在道路网中的位置。该系统可从以下 3 个基本的信息源获得数据。

（1）GPS 接收

一台 GPS 接收机被安装在车上，接收高达 11 颗卫星的信号。这些信号用来精确确定车辆的位置，但它可能遭受偶然的干扰，如坏天气影响、隧道和建筑物遮挡、超宽带无线电通信干扰等，为此通常采用航位推算导航（如惯性传感器）或辅助定位技术作为 GPS 信号丢失时的补偿，以使导航系统功能连续。

（2）车载传感器

车载传感器通常包括测量转弯速率的陀螺仪、输出电子速度脉冲的测速计以及测量方向的罗盘。这些数据被用来进行航位推算，以便确定车辆相对道路的运动。

汽车行驶路径的方向和位置通过装在车上的传感器检测，方向和转向角传感器决定汽车行驶方向，车速传感器决定汽车行驶的距离。

1）地磁传感器。

地磁传感器感应元件是在高导磁性材料制成的磁环上绕制励磁绕组，绕组在 X 和 Y 两个正交方向上，每个方向各绕两个检测线圈（共 4 个）。无地磁场作用，检测线圈不产生电动势，有地磁场作用则产生电动势。地磁方向与检测线圈方向夹角不同，检测线圈产生的电动势也不同，这样就可以确定汽车的行驶方向。图 7-17 所示为地磁传感器导向原理和导向系统电路简图。

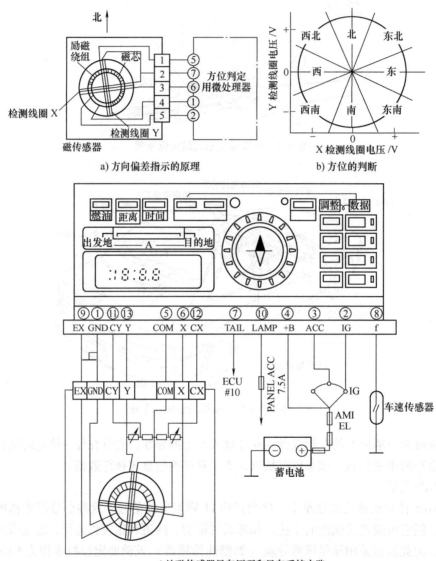

图 7-17 地磁传感器导向原理和导向系统电路简图

2）陀螺仪。陀螺仪根据其测定元件的不同分为惯性陀螺仪、气流陀螺仪和光纤维陀螺仪。

①惯性陀螺仪。高速旋转体不受外力作用时，其轴线方向固定。陀螺由轴承悬浮成球形支撑在汽车车身上，汽车以一定横摆角速度转向，相当于在陀螺上作用了另一个旋转运动，产生了科氏惯性力，利用科氏惯性力的大小和方向可以计算出汽车的行驶方向。

②气流陀螺仪。气流陀螺仪是利用气泵喷嘴喷出稳定的氮气流对两根热线的冷却作用的差异，来测量汽车行驶方向的改变。其结构原理如图7-18所示。汽车直线行驶，喷出的氮气流与两根热线平行，散热能力相等，两线无温差。当汽车转向时，由于喷出气流的惯性，使得对两根热线的冷却作用不同，测量两根热线的温差便可以计算出汽车转角。

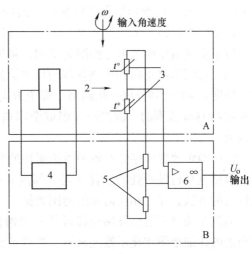

图7-18 气流陀螺仪结构原理
1—气泵 2—气流 3—热线 4—振荡器 5—电阻
6—放大器 A—传感器 B—信号处理电路

③光纤维陀螺仪。图7-19所示为光纤维陀螺仪检测原理。光从光纤维线圈A点入射，经向左向右方向回转传播，光程相同时，两方向同时经过一个周期到达输出的B点。当光纤维线圈有向右旋转的角速度ω时，则从A点入射的同一周期左右方向传播的光程不同，右回转传播光程长，比较左回转传播过程，两者相差一定角度。在原输出B点测量两方向传到的光相位不同，测定两光干涉的强度，可以确定两方向光的传播时间差（相位差），从而计算出光纤维线圈（汽车）的转向角速度ω。

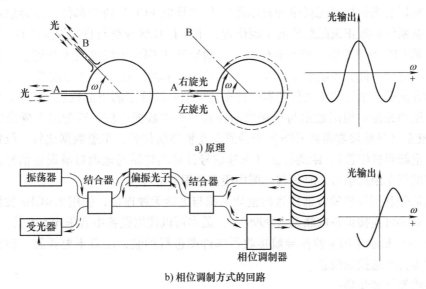

图7-19 光纤维陀螺仪检测原理

（3）导航地图数据库

通过GPS和车载传感器所采集到的数据，利用地图匹配进行处理，与存储在数字地图

（GIS）数据库中的地形数据进行比较。最后，对来自这些信息源中的所有信息都要进行运算，以便实现定位。采用这些技术的组合可使系统定位精度达到米级。

以航空测量出的地形道路图为基础，将地图涵盖范围按一定比例划分成若干个区域，每个区域上标明道路走向和道路管理的相关信息。如日本全国按每区域纵横约 80km（经度为 1°，纬度为 40′）划分成一次网络，每个方向划分为纵横约为 10km 的二次网络和进一步以纵横各约 1km 范围的三次网络（组成全国道路地图数据）。日本约有 39 万个属于三次网络的区域。

CD-ROM 数据库存储有各种道路属性的数据（路面、路标、桥隧等）、基本道路地图数据。根据汽车行驶所处的位置（经、纬度）坐标，用手动操作或接收车外信息表示该车现处位置的方法，显示相应需要的地图数据。

当汽车按计算机引导路径接近某一交通信标（或装有信号反射的交通灯）时，计算机将当地的详细地图在显示器上显示，再指示要到达目的地的最佳路径。作为汽车信息通信系统（Vehicle Information Communication System，VICS）的路上通信装置，目前正在研究其实际应用。

地图的微调导航法是对由于位置确定、导航传感器和地图与实际道路之间重合存在的积累误差的及时补偿。它根据导航到达的轨迹与显示器上道路地图指示的行车道路形状相比较，在形状上以高概率相符的地图道路上，自动修正汽车位置和方向。

地图的微调导航包括车辆位置修正、多路径追迹、距离偏离补偿。

二、汽车导航系统的位置

丰田卡罗拉轿车导航系统位置如图 7-20 所示。

导航接收器总成包括"无线电和显示屏"与"导航 ECU"两个部件，是导航系统的主要部件。导航系统必须正确跟踪当前车辆位置，主要有 GPS 导航与自动导航两种方法。GPS 导航利用 3 颗 GPS 卫星探测车辆绝对位置，自动导航在 GPS 无线电波无法到达的地方推算导航，导航精度会降低。导航系统有以下具体工作：车辆位置计算（导航接收器接收陀螺仪传感器的方向偏差信号和车速传感器的行车速度信号计算车辆当前位置）；地图匹配（导航接收器将地图光盘中地图数据与车辆当前位置、车道数据比较，匹配出车辆位置最近线路）；GPS 校正（导航接收器将 GPS 测量位置与车辆当前位置、车道数据比较，位置差别很大，GPS 会重新测量位置）；距离校正（车速信号计算出轮胎与地面打滑误差信号，形成了可距离校正的行车距离信号，时刻与地图中距离数据差异补偿）。

车用电话是利用导航接收器内置的蓝牙系统与电话无线连接，使用 2.4GHz 波段的无线连接技术。最多可连接设备内联系人 9999 个，最多可以读取设备中音乐 65535 首。

根据图 7-21 所示丰田卡罗拉导航接收器部件图进行拆装，注意不要弄脏、刮花车内饰板，拆下的零件注意摆放位置。

导航接收器拆装步骤：

1）弹出地图光盘（按下"OPEN"按钮再按下"MAP"按钮弹出地图光盘）。
2）拆卸仪表板左下饰板。
3）拆卸仪表板右下饰板。
4）拆卸仪表板左端饰板。

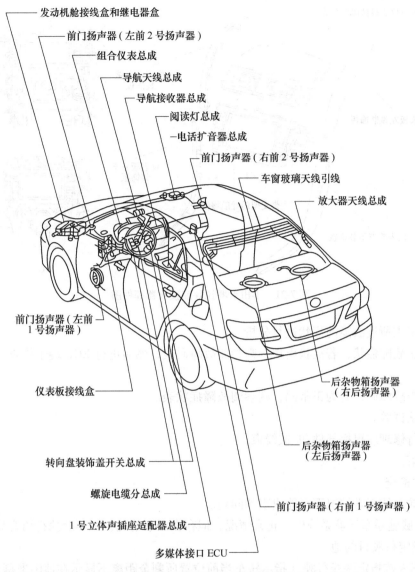

图 7-20　丰田卡罗拉轿车导航系统位置

5）拆卸仪表板右端饰板。

6）拆卸中央仪表调风器总成。

7）拆卸带支架的接收器（拆下 4 颗螺栓）。

8）将导航接收器向车后方向拉，脱开 4 个卡子。

9）断开导航接收器线束插接器。

三、汽车导航系统故障诊断

1. 丰田威驰汽车导航系统故障检修

（1）故障诊断步骤

丰田威驰汽车导航系统的故障诊断步骤如下。

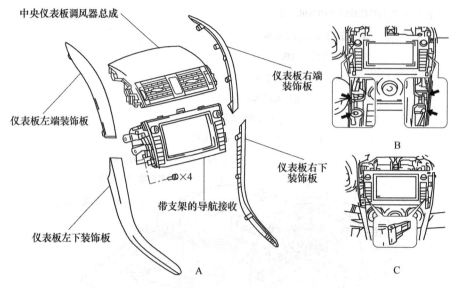

图 7-21　丰田卡罗拉导航接收器部件图

1）对车主所述故障的症状进行分析。

2）确认故障症状，若症状出现，则参阅故障码表，然后进行 ECU 端子检查，否则进行症状模拟。

3）检查故障码，若为正常码，则参阅故障症状表。

4）确认试验。

5）进行修理或更换部件和/或线束。

6）结束。

（2）预检查

1）导航系统正常情况下可能出现的问题。

①丰田威驰轿车导航系统处于正常情况，但存在以下情况，也不会执行语音导航。

a. 未设定行驶目的地。

b. 轿车未按指定路线行驶（指示轿车当前位置所剩余距离不显示在地图屏幕左下角）。

c. 未在其他模式中设置导航功能（在这种情况下只有地图屏幕，但无语音提示）。

②导航系统处于正常状态，但轿车图像在屏幕上是随意转动的。若点火开关处于 ACC 或 ON 位置，当轿车正在转弯时，导航系统把记录此时的角速度作为标准图像。为了解决此问题，应在轿车停车时，断开点火开关后再将其置于 ACC 或 ON 位置，并观察此故障是否再次出现。

2）检查故障发生时的位置。检查轿车图像显示错误是否发生在相同或不同地点。注意：当轿车在高速公路上行驶或在环形路行驶，与另外一条路面平行，或轿车刚驶出停车场时，此时轿车图像可能偏离其实际所处位置。

3）诊断系统模式。威驰轿车导航系统的诊断系统模式如图 7-22 所示。

（3）常见故障排除

1）按下 MAP/VOICE、MENU 或 DEST 开关时不显示导航屏幕（不能切换屏幕）故障的检查。

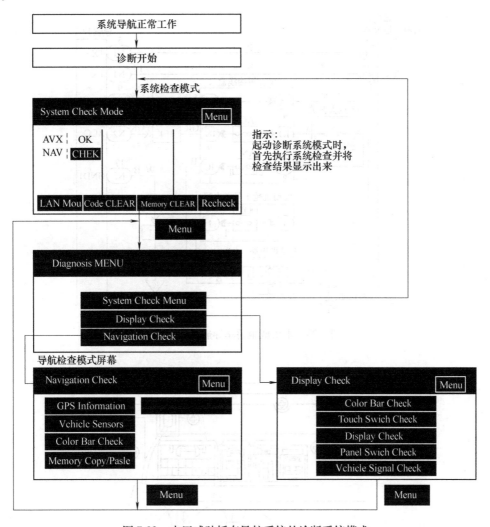

图 7-22 丰田威驰轿车导航系统的诊断系统模式

①检查用电路如图 7-23 所示。

②检查程序如下。

a. 维修检查模式（导航）。

b. 在不拔下导航 ECU 线束插接器的情况下拆下导航 ECU，并检测图 7-24 所示导航 ECU 线束插接器端子 +B、ACC 与 GND 间的电压，其值应符合表 7-3 中的规定。检查图 7-24 所示端子 GVD 与搭铁间的导通性，应导通。若检查结果正常，则进行下一步，否则应修理或更换线束。

表 7-3 ECU 端子电压值

端子	条件	电压/V
+B—GND	恒定	10~14V
ACC—GND	点火开关位于 ACC 位置	10~14V

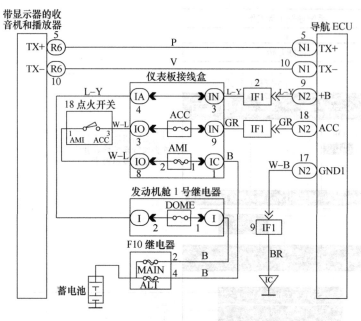

图 7-23　丰田威驰轿车导航系统电路

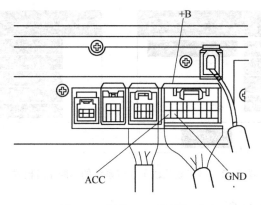

图 7-24　导航 ECU 接线端子

　　c. 检查线束及其插接器（收音机总成与导航 ECU 间）。
　2）GPS 标记不出现故障的检查。
　①检查标记显示。
　②检查选装附件。
　③检查导航天线总成。
　3）轿车位置标记失控（地图失控）故障的检查。
　①电路。轿车位置标记失控故障检查参考电路如图 7-25 所示。
　②检查程序：
　　a. 再次检查和操作。

b. 导航检查模式。

c. 检查导航 ECU。

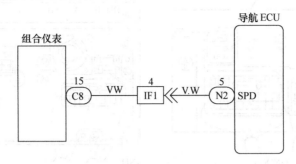

图 7-25　轿车位置标记失控故障检查参考电路

4）行驶方向与轿车位置标记运动方向相反故障的检查。

①检查电路。行驶方向与轿车位置标记运动方向相反故障的检查参考电路如图 7-26 所示。

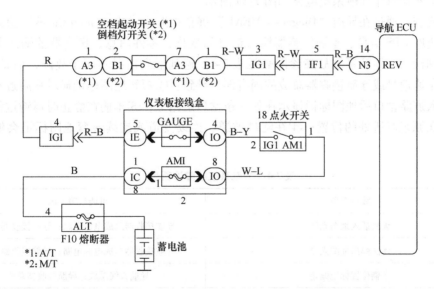

图 7-26　行驶方向与轿车位置标记运动方向相反故障检查参考电路

②检查程序如下。

a. 导航检查模式。执行导航检查模式的轿车信号检查，启动诊断系统，检测轿车信号检查模式 REV 信号的结果，如图 7-27 所示。若输入信号正常，则检查导航 ECU，必要时予以更换，否则应进行下一步。

b. 检查导航 ECU。在不拔下导航 ECU 线束插接器的情况下，拆下导航 ECU，如图 7-28 所示，检测导航 ECU 线束插接器端子 REV 与 GND 间电压。若其值在接通点火开关并把变速杆置于倒档时为 10～14V，则检查导航 ECU，必要时予以更换，否则应修理/更换线束或线束插接器。

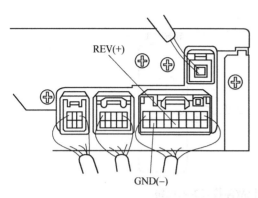 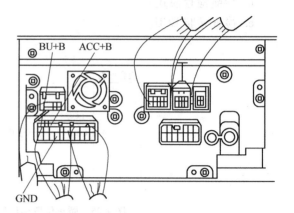

图 7-27 轿车信号检查模式 REV 信号的结果　　图 7-28 检测导航 ECU 线束插接器端子 REV 与 GND 间电压

2. 丰田卡罗拉汽车导航系统故障检修

丰田卡罗拉汽车导航系统电路如图 7-29 所示。

基本检查：通过在导航"Diagnosis MENU"屏幕中选择"Navigation Check"进入导航检查模式；读取 GPS 信息、车辆传感器输入信号的变化、零件信息、扬声器的输入电平变化和语音识别检查。导航系统故障诊断表见表 7-4。遇到下列情况不属于故障，而是由 GPS、陀螺仪、车速信号或导航接收器总成的固有误差导致：①短暂地图标记显示在附近平行道路上；②进入道路岔口后地图标记显示在另一条岔口道路上；③车辆在静止时运输过程中地图标记显示在原来车所处的位置；④在陡峭坡道、连续变道或连续转弯地图标记会偏离正确位置。

表 7-4 导航系统故障诊断表

故障现象	可能故障原因
无法插入地图光盘	导航接收器总成电源电路；导航接收器总成
无法弹出地图光盘	导航接收器总成电源电路；导航接收器总成
车辆位置标记偏差	导航天线总成；导航接收器总成
车辆位置标记不更新	地图光盘；导航接收器总成
不显示当前位置	地图光盘；导航天线总成；导航接收器总成
语音导向功能不起作用	扬声器电路；地图光盘；导航接收器总成
无法计算路线	地图光盘；导航接收器总成
蓝牙功能不能工作	电话扬声器总成；导航接收器总成
蜂窝电话注册失败，电话簿发送失败	导航接收器总成
对方声音听不到，太小或失真	扬声器电路；导航接收器总成
对方听不到您的声音，太小或失真	电话扬声器总成；导航接收器总成

学习情境七 导航无法打开

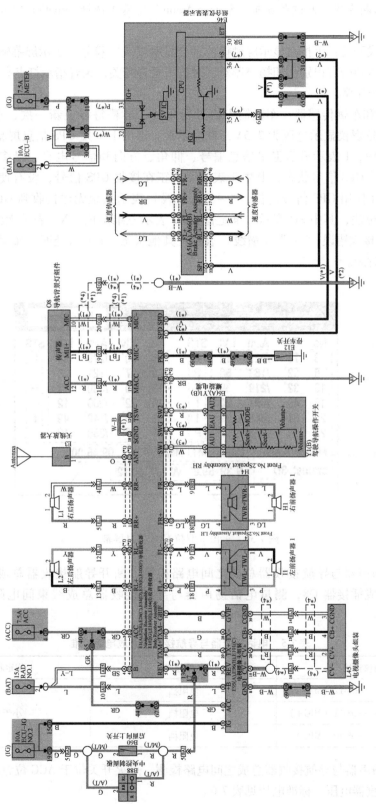

图 7-29 丰田卡罗拉汽车导航系统电路

1)启动诊断模式:通过在导航"Service Menu"屏幕中选择 Function Check/Setting"进行诊断模式。

检查触摸式开关:手指在显示屏触摸位置会显示"+"符号,表示屏幕触摸正常。

检查扬声器和语言识别:朝扬声器对话时按下录音开关,录音指示灯点亮,录音语音能正常播放,系统正常。

检查 GPS 和车辆传感器:车辆输入信号变化时,屏幕每秒更新一次,车辆直线行驶或静止状态,陀螺仪显示电压为 2.5V,系统正常。丰田卡罗拉 GPS 信息屏幕如图 7-30 所示,信息屏幕中,1 表示显示卫星信息编号、仰角、方向和信号电平,最多显示 12 个卫星信息。2 表示 GPS 信号状态,其中 T 表示系统正在接收 GPS 信号,没有使用信号定位,P 表示系统正在使用 GPS 信号定位,"-"(横线)表示系统无法接收到 GPS 信号。3 表示所使用的定位法,其中 2D 表示二维定位,3D 表示三维定位,NG 表示无法使用定位数据,Emor 表示接收错误;"-"(横线)表示:其他状态。4 表示经度、纬度信息。5 表示格林尼治标准时间。

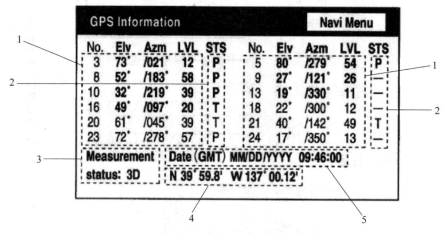

图 7-30 丰田卡罗拉 GPS 信息屏幕

2)电话扬声器与导航接收器总成之间电路检测。断开导航接收器总成插接器 E34,断开阅读灯总成插接器 O8,测量电话扬声器与导航接收器总成线束间电阻,标准见表 7-5。

表 7-5 电话扬声器与导航接收器总成电阻标准

检测仪连接	检测条件	规定状态
E34-17(MACC)—O8-12(MACC)	电阻档	小于1Ω
E34-19(MIN+)—O8-11(MIC+)	电阻档	
E34-20(MIN-)—O8-10(MIC-)	电阻档	

3)电话扬声器与导航接收器总成之间电路检测。点火开关位于 ACC 位置,测量电话扬声器与导航接收器电压,标准电压见表 7-6。

表7-6　电话扬声器与导航接收器总成电压标准

检测仪连接	检测条件	规定状态
E34-17（MACC）—搭铁	电压档	4～6V
O8-12（MACC）—搭铁	电压档	

4）导航接收器总成电源电路检测。检查电源工作情况，导航接收器总成电源检测端子标准见表7-7。

表7-7　导航接收器总成电源检测端子标准

检测仪连接	检测条件	规定状态
E1-7（E）—搭铁	电阻档	小于1Ω
E1-4（B）—E1-7（E）	电压档	11～14V
E1-3（ACC）—E1-7（E）	电压档	11～14V

小　结

本学习情境主要是让学生掌握汽车音响与导航的工作原理，会操作汽车音响与导航，会使用检测工具及仪器检测基本的元器件，能进行汽车音响与导航的拆卸与安装，能通过电路分析、诊断仪器诊断汽车音响与导航的电路故障。

习　题

一、填空题

1. 汽车音响系统主要由____、____、____、____和____等组成。
2. 陀螺仪根据其测定元件的不同分为____、____和____等几种。
3. 汽车导航系统主要由____、____、____和____等组成。

二、判断题

1. 内置的GPS天线接收到来自环绕地球的24颗GPS卫星中至少2颗所传递的数据信息，由此测定汽车当前所处的位置。（　　）
2. 通过GPS对卫星信号的接收计算，可以测算出车辆行驶的具体速度。（　　）

三、问答题

1. 简述汽车音响与导航系统的功能。
2. 以丰田威驰轿车为例，简述汽车音响与导航电路的工作原理。
3. 以丰田卡罗拉轿车为例，简述汽车音响与导航电路的工作原理。
4. 以丰田威驰轿车为例，简述汽车音响与导航故障的诊断方法。
5. 以丰田卡罗拉轿车为例，简述汽车音响与导航故障的诊断方法。

考 核 工 单

汽车音响线路检测考核工单

序号	考核项目	配分	评分标准（每项累计扣分不超过配分）
1	安全文明否决		造成人身、设备重大事故，或恶意顶撞考官、严重扰乱考场秩序，立即终止考试，此题计 0 分
2	工量具的选择及正确使用	15 分	（1）不能正确选择工量具，每次扣 3 分 （2）不能正确使用工量具，每次扣 5 分
3	控制线路检测	30 分	（1）不检测常通电源线，扣 10 分 （2）不检测点火开关控制电源线，扣 10 分 （3）不检测搭铁线，扣 10 分 （4）检测方法不正确，每次扣 5 分；导致短路，扣 20 分 （5）不能判断检测结果，每次扣 10 分
	音频信号及扬声器的检测	35 分	（1）不检测音频信号，扣 18 分 （2）不检测扬声器电阻值，扣 18 分 （3）检测方法不正确，扣 10 ~ 35 分 （4）不能判断检测结果，每次扣 5 分
4	安全文明生产	20 分	（1）不穿工作服扣 1 分，不穿工作鞋扣 1 分，不戴工作帽扣 1 分 （2）不安装车漆表面防护布（罩）扣 1 分，不安装车内座椅防护套、转向盘套、变速杆套、地板衬垫每项扣 0.5 分 （3）工量具与零件混放，或摆放凌乱，每次每处扣 1 分 （4）发动车辆不接尾气排放管，每次扣 1 分 （5）不放置三角木，扣 1 分 （6）工量具或零件随意摆放在地上，每次扣 1 分 （7）垃圾未分类回收，每次扣 1 分 （8）竣工后未清理工量具，每件扣 1 分 （9）竣工后未清理操作过程中手接触过的车漆表面，每处扣 1 分 （10）竣工后未清理考核场地，扣 2 分 （11）不服从考官、出言不逊，每次扣 3 分
5	合计	100 分	

学习情境八
空调制冷效果不好

学习目标：

1. 知识目标

（1）了解汽车空调的作用与构造

（2）掌握汽车空调的工作原理

2. 能力目标

（1）能够操作和维护汽车空调

（2）会识读汽车空调的电路图

（3）能够诊断汽车空调的故障并进行维修

职业情境描述

客户反映：空调制冷效果不好，要求给予维修。

根据客户描述的空调制冷效果不好初步判断，可能是空调制冷系统电路、空调制冷系统制冷剂不够或空调制冷系统部件的故障。客户同时还描述了之前在维修站重新添加了足够的制冷剂，这表明故障更可能发生在空调制冷系统电路、部件中。经检测，空调压缩机控制阀卡滞、移动位置不够，需要更换空调压缩机总成。

工作任务一 制冷系统的维护

一、汽车空调系统的功能和特点

1. 汽车空调系统的功能

汽车空调是汽车车厢内空气调节装置的简称，它用以调节车内的温度、湿度、气流速度、空气洁净度等，从而为乘员提供清新舒适的车内环境。具体功能包括以下几方面：

1）调节车内温度。在冬季，汽车空调利用其采暖装置升高车内的温度，轿车和中小型汽车一般以发动机冷却液作为暖气的热源，而大型客车则采用独立式加热器作为暖气的热源；在夏季，车内降温则由制冷装置完成。我国大多数汽车空调都具有这一功能。

2）调节车内的湿度。普通汽车空调一般不具备这种功能，只有高级汽车采用的冷暖一体化空调才能对车内的湿度进行适量调节。它通过制冷装置冷却、去除空气中的水分，再由取暖装置升温以降低空气的相对湿度。车内的湿度一般应保持在30%～70%。

3）调节车内的空气流速。空气的流速和方向对人体舒适性影响很大。夏季，气流速度稍大，有利于人体散热降温，但过大的风速直接吹到人体上，也会使人感到不舒服，因此气流速度一般为0.25m/s左右；冬季，风速过大会影响人体保温，因而冬季采暖时气流速度应尽量小一些，一般为0.2m/s。根据人体生理特点，头部对冷比较敏感，脚部对热比较敏感，因此在布置空调出风口时，应采取上冷下暖的方式，即让冷风吹到乘员头部，暖风吹到乘员脚部。

4）过滤、净化车内的空气。由于车内空间小，乘员密度大，极易出现缺氧和二氧化碳浓度过高的情况。另外，汽车发动机废气中的一氧化碳和道路上的粉尘、野外有毒的花粉都容易进入车内，造成车内空气污浊，影响乘员的身体健康。因此，必须要求汽车空调具有补充车外新鲜空气、过滤和净化车内空气的功能。一般在汽车空调的进风口都装有空气过滤装置和空气净化装置。

2. 汽车空调的特点

1）制冷/制热能力强。车内乘员密度大，产生的热量多，热负荷大；汽车为了减轻自重，隔热层薄；汽车的门窗多、面积大，热量流失严重；汽车在野外行驶，直接受到太阳的照晒、霜雪的冷、风雨的潮湿，环境恶劣，千变万化。所以汽车空调应能迅速地降温。

2）抗冲击能力强。汽车在颠簸不平的路面行驶时，汽车空调系统承受剧烈、频繁的振动和冲击，因此汽车空调的各个零部件应有足够的强度和抗振能力。

3）结构紧凑。由于汽车本身的特点，要求汽车空调结构紧凑，能在有限的空间进行安装，而且安装了空调后，不至于使汽车增重太多，影响其他性能。

4）动力源多样。轿车、轻型车、中小型客车及工程机械，其空调所需要的动力和驱动汽车的动力都来自汽车本身的发动机，这种空调系统叫非独立空调；对于大型客车和豪华型大中客车，由于所需制冷量和暖气量大，一般采用专用发动机驱动制冷压缩机和设置独立的采暖设备，故称之为独立式空调系统。

二、汽车空调系统的组成和工作原理

1. 汽车空调系统的组成

汽车空调系统包括制冷系统、采暖系统、通风系统和电路控制系统等。空调系统在车上的布置如图8-1所示。

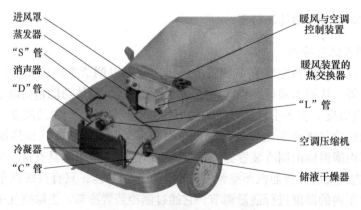

图8-1 空调系统在车上的布置

（1）制冷系统

制冷系统的作用是利用制冷剂在密封的系统内运行，通过热交换吸收驾驶室和车厢内的热量，降低车内温度。一般由压缩机、冷凝器、储液干燥器、膨胀阀、蒸发器、冷凝器散热风扇、制冷管道和制冷剂等组成。

（2）采暖系统

采暖系统是将发动机在正常工作时的冷却液引入暖水热交换器，再利用鼓风机使车内的空气循环流过暖水热交换器，以达到提高驾驶室和车厢内温度的目的。一般由鼓风机、暖水热交换器、控制阀和水管等组成。

（3）通风系统

通风系统的作用是换气，即将车外的新鲜空气引入车内，车内的污浊空气排出车外。通风方式可采用动压通风或强制通风。动压通风也称自然通风，它利用汽车行驶时对车身外部所产生的风压为动力，在适当的地方开设进风口和排风口，以实现车内的通风换气。强制通风利用鼓风机强制将车外的空气送入车内进行通风换气。通常在备有冷暖设备的汽车上大多数采用通风、取暖和制冷的联合装置。这些汽车上一般都设有停止、自然通风、吸气、排气和循环五种功能。

（4）电路控制系统

电路控制系统可以对制冷系统、采暖系统、通风系统的工作进行控制，同时对车内的温度、风量及其流向进行调节，保证空调系统能正常工作。主要由电源开关、A/C开关、电磁离合器、鼓风机开关及调速电阻器、各种温度传感器、制冷剂高低压力开关、温度控制器、送风模式控制装置、各种继电器等组成。

2. 制冷系统的工作原理

（1）制冷原理

在日常生活中，我们会有这样的体会，用酒精棉擦身体时，或手上沾有汽油时，都会有凉的感觉。这说明当液体变成气体时吸收了热量，从而降低了温度。汽车制冷就是通过消耗一定的动力把制冷剂由气体转变成液体，然后再利用由液体转变成气体过程中吸收外部热量来达到汽车制冷的目的。空调制冷的工作原理如图8-2所示。

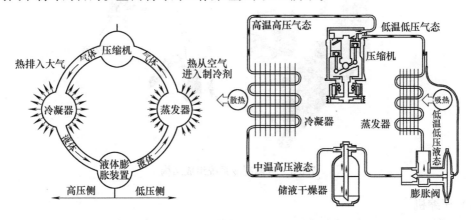

图8-2 空调制冷循环工作原理示意图

（2）制冷循环工作过程

1）压缩过程。压缩机吸入蒸发器出口处的低温低压的制冷剂气体，把它压缩成高温高压的气体，然后送入冷凝器。此过程的主要作用是压缩增压，以便气体易于液化。压缩过程中，制冷剂状态不发生变化，而温度、压力不断升高，形成过热气体。

2）放热过程（冷凝过程）。高温高压的过热制冷剂气体进入冷凝器（散热器）与大气进行热交换。由于压力及温度的降低，制冷剂气体冷凝成液体，并放出大量的热。此过程作用是排热、冷凝。冷凝过程的特点是制冷剂的状态发生变化，即在压力、温度不变的情况下，由气态逐渐向液态转变。冷凝后的制冷剂液体是高压高温液体。制冷剂液体过冷，过冷度越大，在蒸发过程中其蒸发吸热的能力也就越大，制冷效果越好，即产冷量相应增加。

3）干燥过程。将中温、高压的液态制冷剂过滤，除去制冷剂中的杂质和水分，送入节流阀，并储存小部分的制冷剂。

4）节流过程（膨胀过程）。高压高温制冷剂液体经膨胀阀节流降温降压，以雾状（细小液滴）排出膨胀装置。该过程的作用是使制冷剂降温降压，由高温高压液体，迅速地变成低温低压液体，以利于吸热、控制制冷能力以及维持制冷系统正常运行。

5）吸热过程（蒸发过程）。经膨胀阀降温降压后的雾状制冷剂液体进入蒸发器，因此时制冷剂沸点远低于蒸发器内温度，故制冷剂液体在蒸发器内蒸发、沸腾成气体。在蒸发过程中大量吸收周围的热量，降低车内温度。而后低温低压的制冷剂气体流出蒸发器等待压缩机再次吸入。吸热过程的特点是制冷剂状态由液态变化到气态，此时压力不变，即在定压过程中进行这一状态的变化。

上述过程周而复始地进行，便可使汽车内温度达到并维持在给定的状态。

3. 制冷系统的组成

汽车制冷系统主要由压缩机、冷凝器、储液干燥器、膨胀阀、蒸发器、连接管路等组成，如图8-3所示。

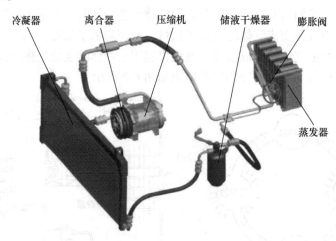

图8-3 空调制冷系统组成结构

（1）压缩机

制冷压缩机是汽车空调制冷系统的心脏，其作用是维持制冷剂在制冷系统中的循环，吸入来自蒸发器的低温、低压制冷剂蒸气，压缩制冷剂蒸气使其压力和温度升高，并将制冷剂蒸气送往冷凝器。其原理与普通空气压缩机相似，只是密封程度要求更高。

目前应用于汽车制冷系统的压缩机，主要采用容积型制冷压缩机。

1）汽车用空调压缩机的性能要求。

①要有良好的低速性能，即要求在怠速运转时有较大的制冷能力和较高的效率。

②高速运转时要求输入功率低，即降低油耗，提高汽车动力性。

③体积小、重量轻，便于安装和维修。

④安全稳定、可靠性好，能够在恶劣的条件下有良好的抗振性和密封性。

⑤对汽车不利影响小，要求压缩机运行平稳、噪声低、振动小，开、停压缩机时对发动机转速的影响不应太大，起动转矩要小。

2）压缩机的种类。

压缩机的类型主要有曲轴连杆式压缩机、斜盘式压缩机、摆盘式压缩机、刮片式压缩机、滚动活塞式压缩机、涡旋式压缩机等。

①曲轴连杆式压缩机。

曲轴连杆式压缩机结构如图 8-4 所示。主要由曲轴连杆机构，进、排气阀，润滑机构和曲轴密封机构组成。

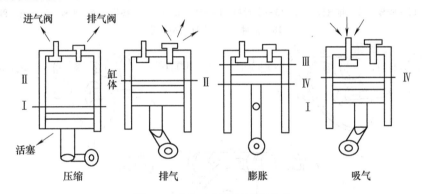

图 8-4　曲轴连杆式压缩机结构

曲轴连杆机构由活塞、活塞销、曲轴、连杆、轴承等组成。进、排气阀由吸气阀片、排气阀片、阀门板、挡板等组成。润滑机构的主要作用是通过冷冻油对所有的运动部件进行飞溅润滑和强制润滑。轴承密封机构由弹性挡圈、密封圈、O 形环、轴封组成。

其工作过程分为压缩、排气、膨胀、吸气四个过程。

压缩过程：制冷气体在气缸内从进气时的低压升高到排气压力的过程。

排气过程：制冷气体从气缸向排气管输出的过程。

膨胀过程：活塞从上止点向下移动到进气阀打开的过程。

吸气过程：制冷剂从进气阀进入气缸，直到活塞下行至下止点为止的过程。

②斜盘式压缩机。

斜盘式压缩机结构如图 8-5 所示，主要由缸体、活塞、主轴斜盘、前后缸盖、前后阀板、阀片、密封圈等组成。

工作原理如图 8-6 所示。当主轴转动时，通过斜盘和滑履的带动，把主轴的回转运动变为双向活塞轴向的往复运动，活塞以斜盘主轴为中心，在同一圆周上均匀分布几个活塞，每个活塞做双向工作，所以一个活塞起两个缸的作用。在活塞运动过程中，通过吸、排气阀组把低温、低压的制冷剂蒸气吸入，同时把高温、高压的制冷剂排出，使其进入冷凝器进行热交换。

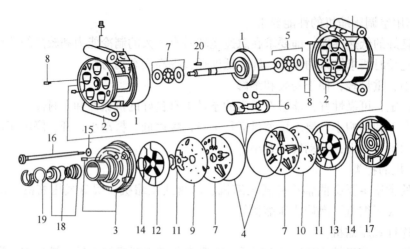

图 8-5 斜盘式压缩机的结构

1—斜盘 2—缸体 3—前缸盖 4—后缸盖 5—端面轴承 6—活塞 7—吸气阀片 8—限位销
9、10—阀板 11—排气阀 12、13—密封垫 14—O 形胶圈 15—垫片 16—螺栓 17—密封圈
18—轴封 19—卡环 20—键

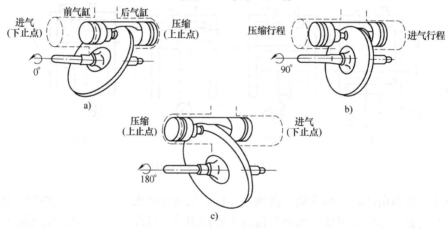

图 8-6 斜盘式压缩机工作原理

③刮片式压缩机。

刮片式压缩机又称旋片式压缩机,有正圆形和椭圆形两种。刮片数有 2、3、4、5 几种,如图 8-7 所示。

圆形缸叶片有 2~4 片,椭圆形缸叶片有 4~5 片。旋叶式压缩机其单位压缩机质量具有最大的冷却能力。它没有活塞,仅有一个阀,称为排气阀。排气阀实际上起一个止回阀的作用,防止在循环停止或压缩机不运行时,制冷剂蒸气通过排气口进入压缩机。

在圆形气缸的旋叶式压缩机中,叶轮是偏心安装的,叶轮外圆紧贴气缸内表面的吸、排气孔之间。

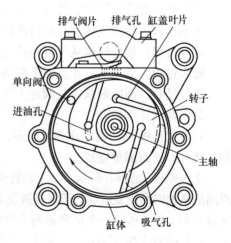

图 8-7 刮片式压缩机的结构

在圆形气缸中，转子的主轴和椭圆中心重合，转子上的叶片和它们之间的接触线将气缸分成几个空间，当主轴带动转子旋转一周时，这些空间的容积发生"扩大—缩小—几乎为零"的循环变化，制冷剂蒸气在这些空间内也发生吸气—压缩—排气的循环。压缩后的气体通过簧片阀排出。

旋叶式压缩机没有吸气阀，因为滑片能完成吸入和压缩制冷剂的任务。对于圆形气缸而言，2叶片将空间分成2个空间，主轴旋转一周，即有2次排气过程；4叶片则有4次。叶片越多，压缩机的排气脉冲越小。对于椭圆形气缸，4叶片将气缸分成4个空间，主轴旋转一周，有4次排气过程。

（2）冷凝器

汽车空调冷凝器的作用是把压缩机排出的高温、高压制冷剂气体，通过冷凝器将热量散发到车外空气中，从而使高温、高压的制冷剂气体冷凝成较高温度的高压液体。

1）对空调冷凝器的性能要求如下。
①要有较高的散热效率。
②结构、重量、尺寸、空间合理。
③抗振性能好。
④冷凝空气阻力小。
⑤耐腐蚀性能好。

2）冷凝器的分类。

汽车空调冷凝器有管片式、管带式和平行流式三种结构形式。冷凝器的类型如图8-8所示。

① 管片式。它是汽车空调早期采用的一种冷凝器，制造工艺简单，由铜质或铝质圆管套上散热片组成。片与管组装后，经胀管法处理，使散热片胀紧在散热管上。这种冷凝器散热效果较差。一般用在大中型客车的制冷装置上。

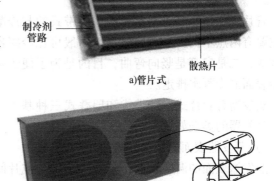

a) 管片式

b) 管带式

c) 平行流式

图8-8 冷凝器的类型

② 管带式。它由多孔扁管弯成蛇管形，并在其中安置散热带后焊接而成。管带式冷凝器的散热效果比管片式冷凝器好一些（一般高15%左右），但工艺复杂，焊接难度大，且材料要求高。一般用在小型汽车的制冷装置上。

③ 平行流式。它在扁平的多通管道表面直接锐出鳍片状散热片，然后装配成冷凝器。由于散热鳍片与管子为一个整体，不存在接触热阻，故散热性能好；另外，管、片之间无须复杂的焊接工艺，加工性好，节省材料，而且抗振性也特别好。所以，是目前较先进的汽车空调冷凝器。

（3）蒸发器

蒸发器和冷凝器一样，也是一种热交换器，也称冷却器，是制冷循环中获得冷气的直接器件。外形近似冷凝器，但比冷凝器窄、小、厚。它的作用是让低温、低压液态制冷剂在其管道中吸热并蒸发，使蒸发器和周围空气的温度降低，从而在鼓风机的风力通过它时，能输出更多的冷气。

1) 对蒸发器性能的要求如下。

①重量轻、体积小、散热面空气阻力小，具有高的散热效率。

②耐腐蚀，抗振性能好。

③材料低温性能好，无毒性，冲击后不产生火花，且价格便宜。

2) 蒸发器的分类。

管片式的与冷凝器基本相同，管带式的与冷凝器主要有两点不同：一是扁管宽度一般可比冷凝器更宽些；二是扁管是竖向弯曲，目的是为了便于蒸发器表面的冷凝水排走。

蒸发器有管片式、管带式和层叠式三种基本结构。蒸发器的类型如图8-9所示。

3) 蒸发器表面的亲水和防蚀处理。

蒸发器表面的温度较低，容易"结霜"或片间形成"水桥"，天长日久铝材受到腐蚀，生成白色粉状物，由此增加了空气的流通阻力，减少了通风量，影响了蒸发器的热交换能力，使本来不足的汽车空调制冷量变得更加不足。处理方法有三种：

①无机物质，如水软铝面、水玻璃、二氧化硅等。

②有机树脂，如亲水性树脂和表面活性剂。

③二氧化硅、有机树脂、表面活性剂合用。

(4) 储液干燥器

储液干燥器就是在制冷系统中，临时地存储一下制冷剂，根据制冷负荷的需要，随时供给蒸发器，并对系统中的水分和杂质进行干燥和过滤，即存储制冷剂、过滤杂质、吸收湿气。其结构如图8-10所示。

储液干燥器主要由外壳、视液镜、安全熔塞和管接头等组成。制冷剂在储液器中的流动情况如图中箭头所示。在储液器上部出口端装有一个玻璃视液镜，用于观察制冷剂在工作时的流动状态，由此可判断制冷剂量是否合适。对直立式储液器而言，安装时，一定要垂直，倾斜度不得超过15°。在安装新的储液干燥器之前，不得过早将其进出管口的包装打开，以免湿空气侵入储液器和系统内部，使之失去除湿的作用。安装前一

管片式蒸发器

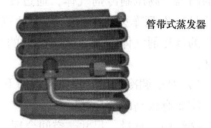

管带式蒸发器

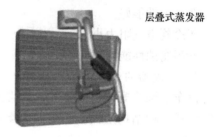

层叠式蒸发器

图8-9 蒸发器的类型

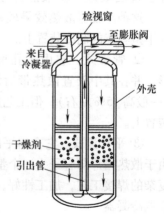

图8-10 储液干燥器结构图

定要先搞清楚储液器的进、出口端,在储液器的进出口端一般都打有记号,如进口端用英文字母 IN,出口端用 OUT 表示,或直接打上箭头以表示进、出口端。

(5) 膨胀阀

膨胀阀也称节流阀,它是一种感压和感温阀,是汽车空调制冷系统中的一个主要部件。目前膨胀阀主要有热力膨胀阀、H 形膨胀阀、膨胀节流管(孔管)三种结构形式。

1) 热力膨胀阀。

①热力膨胀阀的作用。

热力膨胀阀是一种节流装置,它是制冷系统中自动调节制冷剂流量的元件,它的工作特性好坏直接影响整个制冷系统能否正常工作。一般有三个作用:

节流降压:它将从储液干燥器来的中温、高压的液态制冷剂降压为容易蒸发的低温、低压、雾状制冷剂,进入蒸发器,即分开了制冷剂的高压侧和低压侧。

调节制冷剂流量:由于制冷剂负荷的改变以及压缩机转速的改变,要求流量进行相应调节,以保持车内温度稳定,膨胀阀能自动调节进入蒸发器的流量,以满足制冷剂循环要求。

防止液击和异常过热:由于感温元件能控制制冷剂流量的大小,保证蒸发器尾部有一定量的过热度,从而保证蒸发器容积的有效作用,避免液态制冷剂进入压缩机而造成液击现象,同时又控制了过热度处在一定范围内。

②热力膨胀阀的结构及工作原理。

热力膨胀阀有内平衡式和外平衡式两种。内平衡式热力膨胀阀的膜片下面的制冷剂压力是从阀体内部通道传递来的膨胀阀孔的出口压力,而外平衡式热力膨胀阀的膜片下面的制冷剂压力是通过外接管,从蒸发器出口处引来的压力。

内平衡式热力膨胀阀主要由阀门、膜盒、膜片、调节弹簧、毛细管(连接感温包)等组成。如图 8-11 所示。

固定在回气管路上的感温包内装有惰性液体或制冷剂,当蒸发器出口温度较高时,感温包内液体温度随之上升,内压升高,作用在膜片上的压力大于蒸发器进口压力和过热弹簧压力总和时,针阀离开阀座,阀门开启,制冷剂流入蒸发器。

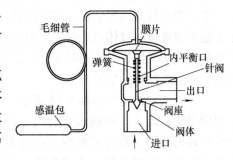

图 8-11 内平衡式热力膨胀阀

针阀开启后,制冷剂进入蒸发器,蒸发器内压力随之上升,回气温度降低,膜片下侧压力增加,上侧压力降低,阀门关闭。因为膜片上、下侧压力经常处于不平衡状态,所以不断地进行开启、闭合的循环。

外平衡式热力膨胀阀主要由热敏管、压力弹簧、膜片室、阀门、毛细管等组成。如图 8-12 所示。

2) H 形膨胀阀。

H 形膨胀阀如图 8-13 所示。因其内部通道形同 H 形而得名。它取消了外平衡膨胀阀的外平衡管和感温包,直接与蒸发器进出口相连。它有四个接口通往空调系统,其中两个接口和普通膨胀阀一样,一个接储液干燥器出口,一个接蒸发器入口。另外两个接口,一个接蒸发器出口,一个接压缩机进口。感温元件处在进入压缩机的制冷剂气流中。H 形膨胀阀具有结构紧凑、使用可靠、维修简单等优点,符合汽车空调的要求。

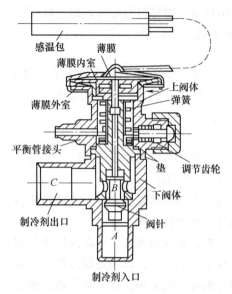

图 8-12 外平衡式热力膨胀阀

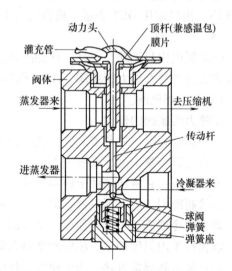

图 8-13 H形膨胀阀结构

这种膨胀阀安装在蒸发器的进出管之间，感应温度不受环境影响，也无须通过毛细管而造成时间滞后，调节灵敏度较高。由于无感温包、毛细管和外平衡管，不会因汽车颠簸使充注系统断裂外漏以及感温包包扎松动而影响膨胀阀的正常工作。

3）节流膨胀管。

节流膨胀管是用于许多轿车制冷系统的一种固定孔口的节流装置。也称为孔管、固定孔管。节流膨胀管直接安装在冷凝器出口和蒸发器进口之间，用于将液态制冷剂节流降压。由于不能调节流量，液体制冷剂很可能流出蒸发器而进入压缩机，造成压缩机液击。所以装有节流膨胀管的系统，必须同时在蒸发器出口和压缩机进口之间，安装一个集液器，实行气液分离，避免压缩机发生液击。

节流膨胀管的结构如图 8-14 所示。它是一根细铜管，装在一根塑料套管内。在塑料套管外环形槽内，装有密封圈。有的还有两个外环形槽，每槽各装一个密封圈。把塑料套管连同节流膨胀管都插入蒸发器进口管中，密封圈就是密封塑料套管外径和蒸发器进口

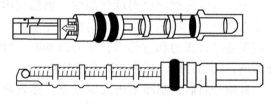

图 8-14 节流膨胀管

管内径间的配合间隙用的。节流膨胀管两端都装有滤网，以防止系统堵塞。安装使用后，系统内的污染物集聚在密封圈后面，使堵塞情况更加恶化。膨胀节流管不能维修，坏了只能更换。

由于节流膨胀管没有运动部件，结构简单、可靠性高，同时节省能耗，很多高级轿车都采用这种方式。缺点是制冷剂流量不能根据工况变化进行调节。

(6) 连接软管和管路接头

1) 连接软管。

汽车空调的各总成部件一般分散安装在汽车的各个部位，如压缩机与发动机连成一体，冷凝器与干燥器安装在车架前端上，而蒸发器又安装在车内。当汽车在颠簸的道路上高速行

驶时，各部件均产生振动，因而制冷系统这些部件之间不能用刚性金属管连接，只能用柔性橡胶软管连接，而且软管必须具有吸收振动能力，不能泄漏制冷剂，能承受一定的压力，耐爆裂强度高。

2）管路接头。

汽车空调系统的管路接头可分为以下几种方式：

①胶圈接头方式。

这种接头方式现代汽车使用较多。胶圈用耐油橡胶做成，优点是密封性高，防振性强，不需要过分拧紧连接螺母，就可以保证密封性，检修时也方便。

②喇叭口接头方式。

这种接头的质量主要靠加工精度和光洁度来控制，连接时螺纹接头要旋紧，使喇叭口与凸缘配合紧密，才能达到密封的要求。

③管箍接头方式。

这种接头多用于组装车，它将金属管插入胶管内，再把管箍套于金属管插入处的胶管外围旋紧管箍，达到密封的目的。

④弹簧锁紧接头方式。

这种接头多用于美国车，它用外罩、卡紧弹簧、内外接头、密封圈，再套用专用工具将其锁紧达到密封的目的。

三、汽车空调制冷剂和冷冻油

1. 制冷剂

（1）制冷剂的命名法

制冷剂也称冷媒，是空调系统的一个重要组成。目前汽车常用的制冷剂有 R-12、R-134a 两种，其中字母"R"是制冷剂的简称。由于 R12 由 Cl、F、C 三种元素构成，有时其代号可以写作 CFC-12。由于 R134a 是由 H、F、C 三种元素所组成的制冷剂，有时其代号可以写作 HFC-134a。由于 R12 对地球臭氧层有破坏作用，现已基本禁止使用；R134a 是环保制冷剂，目前已经得到广泛应用。制冷剂如图 8-15 所示。

（2）对制冷剂的要求

1）在适当蒸发温度时，蒸发压力不低于大气。

2）在适当冷凝压力时，温度不能过高。

3）无色、无味、无毒、无刺激性，对人体健康无损害。

4）不易燃烧，不易爆炸。

5）无腐蚀性。

6）价格合理，容易获得。

7）性能系数较高。

8）与冷冻油接触时，化学、物理安定性良好。

9）有较低的凝固点，能在低温下工作。

10）泄漏时容易侦测。

图 8-15 制冷剂

(3) 制冷剂 R12 的特性

1) 无色、无味、无毒、不易燃烧、不易爆炸，化学性质稳定。

2) 不溶于水，对金属无腐蚀作用。

3) 能溶解多种有机物，一般橡胶密封圈不能使用。

4) 具有较好的热力性能，冷凝压力比较低。

5) 互溶性较好，它能与矿物油以任意比例互相溶解。

6) 对大气臭氧层有破坏作用，使全球变暖产生温室效应。

(4) 制冷剂 R134a 的特性

1) 无色、无味、无毒、不易燃烧、不易爆炸，化学性质稳定。

2) 不破坏臭氧层，在大气层停留寿命短，温室效应影响也很小。

3) 黏度较低，流动阻力较小。

4) 分子直径比 R12 略小，易外泄，能被分子筛吸收。

5) 与矿物油不相溶，与氟橡胶不相溶。

6) 吸水性和水溶性比 R12 高。

7) 汽化替热高，定压比热大，具有较好的制冷能力。

(5) 制冷剂的使用注意事项

1) 操作制冷剂时，不要与皮肤接触，应戴护目镜，以免冻伤皮肤和眼球。

2) 避免振动和放置高温处，以免发生爆炸。

3) 远离火苗，避免 R12 分解产生有毒光气。

4) R134a 与 R12 不能混用，因为不相溶，会导致压缩机损坏。

5) 使用 R134a 制冷剂的系统，应避免使用铜材料，这样会产生镀铜现象。

6) 制冷剂应放置在低于 40℃ 以下的地方保存。

2. 冷冻油

冷冻油也称为压缩机油，它是一种在高、低温工况下均能正常工作的特殊润滑油。在制冷系统中，用于保证压缩机正常工作、不易磨损，随系统循环流动并和制冷剂相溶。目前汽车空调系统中使用的冷冻油有 R12 用矿物油、R134a 用合成油（PAG、POE）。冷冻油如图 8-16 所示。

冷冻油

一次性罐装有压冷冻油

图 8-16　冷冻油

(1) 冷冻油的作用

1) 润滑作用：减少压缩机运动部件的摩擦和磨损，延长机组的使用寿命。

2) 冷却作用：它能及时带走运动表面摩擦产生的热量，防止压缩机温度过高或压缩机被烧坏。

3) 密封作用：密封件表面涂上冷冻油后能提高接点的密封性，防止制冷剂泄漏。

4) 降低压缩机的噪声：能在压缩机摩擦表面形成一种油膜，保护运动部件，防止因金属摩擦而发出声响。

(2) 对冷冻油的性能要求

1) 凝点低，具有良好的低温流动性和互溶性。在制冷系统中，冷冻油随制冷剂一起在系统中流动，在任何温度下都不能沉积，而且要互溶，避免通过节流孔管时造成溅爆而产生噪声。

2) 黏度受温度的影响要小，在不同温度下具有良好的润滑性能。

3) 化学性质要稳定，与制冷剂和其他材料不起化学反应。

4) 吸水性要小，如油中水分含量过高，通过节流阀时会因低温而结冰，造成系统因结冰而堵塞。

5) 毒性腐蚀要小，最好是无毒、不燃烧、对金属橡胶无腐蚀。

（3）冷冻油使用注意事项

1) 冷冻油应保存在干燥、密封的容器里，放在阴暗处以免空气中的水分和其他杂质进入油中。

2) 不同牌号的冷冻油不能混装、混用。

3) 变质的冷冻油不能使用。

4) 制冷系统中不能加注过量的冷冻油，以免影响制冷效果。

四、汽车空调控制部件

1. 电磁离合器

压缩机电磁离合器主要由前板、带盘（转子）及电磁线圈组成，如图 8-17 所示。

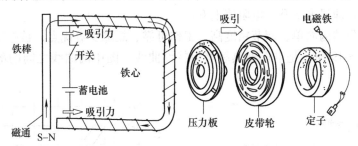

图 8-17 电磁离合器结构原理图

电磁离合器有定圈式和动圈式两种。

汽车空调用的电磁离合器，其作用是将汽车发动机的动力传递给压缩机主轴，使压缩机运转，完成制冷循环。压缩机的工作或停转由电磁离合器线圈电源的通断进行控制。

电磁离合器的工作原理是当电流通过离合器线圈时产生较强的磁场，衔铁被线圈磁力牢牢吸住，压缩机主轴通过键与毂连接，而衔铁与毂紧箍，这时带轮旋转，通过转板上吸力带动衔铁旋转，主轴即被驱动。当离合器线圈断电时，衔铁被弹簧弹回，带轮只在轴承上空转。

2. 温度控制器

温度控制器又称恒温开关，是汽车空调系统中的一种开关元件，是感受蒸发器表面的温度，通过自身机构的动作从而控制压缩机离合器线圈中电流的通、断，致使压缩机产生开与停的动作，起到调节车内温度及防止蒸发器结霜的一种电气控制装置。

汽车空调温度控制器可分为机械压力式和电子式两种。

（1）机械压力式温度控制器

机械压力式温度控制器主要由毛细管和波纹管构成，其内部充满感温介质，感温管的一端插入蒸发器翅片之中，感受蒸发器表面的温度。它的主要功能是通过感温元件内工质的温度变化，导致波纹管内压力发生变化，致使其伸长或缩短，将此信号传递出去。

该温度控制器的调节机构主要由凸轮、凸轮轴、温度调节螺钉等组成，其作用是使温控器能在最低至最高温度范围内任何一点动作，以控制温度。波纹管式温度控制器的触头开闭机构主要由触头、弹簧、杠杆等组成。

图 8-18 所示为其工作原理。波纹管和充满制冷剂的感温毛细管相连，毛细管感温元件置于蒸发器翅片冷气通过的位置之中。当蒸发器温度变化时，毛细管中的制冷剂温度也随着变化，对应的压力也发生变化，温度升高，压力就增大，推动波纹管中膜片运动，推动机械杠杆机构使触点闭合，电磁离合器线圈通电，压缩机旋转，制冷系统循环制冷。如果车内温度降到设定的温度以下，膜片向相反的方向运动，弹簧帮助复位，使触点脱开，电磁离合器线圈断电，压缩机停止工作。

调整调节螺钉可以改变温控器的温度设定值，旋转凸轮的旋钮，可以调整温度的高低。

（2）电子温度控制器

该温度控制器的传感器元件是热敏电阻，装在蒸发器的外侧正面，用以检测蒸发器的出口温度。

热敏电阻有两种：一种电阻具有负感温电阻特性，即温度升高，电阻值下降；一种具有正感温电阻特性，即温度上升，电阻值上升。

由于热敏电阻结构简单、调节精度高、工作可靠、故障少等优点，被越来越多的车用空调器所采用。图 8-19 所示是空调器热敏电阻特性曲线，图中两曲线之间的部分是温度调节范围。

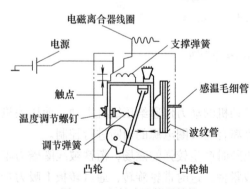

图 8-18 机械式温控器结构

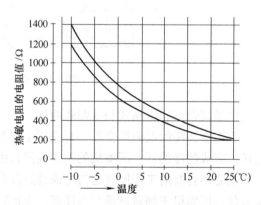

图 8-19 热敏电阻及其特性

3. 压力开关

汽车空调设有压力开关电路，压力开关也称压力继电器或压力控制器，分为高压开关和低压开关两种，安装在制冷系统的高压侧管路上。当制冷系统中制冷剂压力出现异常时迅速切断电磁离合器电路，而使压缩机停止工作，待压力恢复后，压缩机又正常工作，保护了制冷系统不损坏。

（1）高压压力开关

高压压力开关可防止制冷剂填充过多，冷凝器散热又不好，造成压力过高，产生管路爆裂。

高压开关的切断压力和触点恢复闭合压力一般因车型而异，切断压力一般在 2.1 ~ 3.0MPa 范围内，触点闭合恢复压力为 1.6 ~ 1.9MPa，如图 8-20 所示。

(2) 低压压力开关

低压开关也称制冷剂泄漏检测开关，作用是当气体泄漏，压力降低时，切断电磁离合器电源，以免烧坏压缩机。

低压开关的切断压力一般在 80 ~ 110kPa 范围内，而触点闭合恢复压力为 230 ~ 290kPa，如图 8-21 所示。

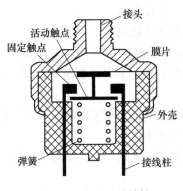

图 8-20　高压开关结构

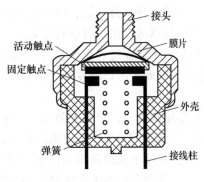

图 8-21　低压开关结构

4. 易熔塞

易熔塞又称熔化螺栓，是制冷系统中的过压保护装置，它安装在储液干燥瓶上，有一个孔贯穿螺栓中心，孔中填满一种特殊的焊剂。当高压端的压力和温度升至约 3MPa 和 95 ~ 100℃时，易熔塞中焊剂熔化，使制冷剂排出至大气中，从而防止制冷装置损坏。

5. 减压安全阀

在空调制冷系统中，由减压安全阀代替易熔塞起到了防止环境污染的作用。它安装在压缩机缸体上，如果高压端的压力升至 3.43 ~ 4.14MPa，减压安全阀就会开启，以降低压力。通常它和高压开关起双层保护，一旦减压安全阀开启，就必须予已更换。

6. 急速提升装置

汽车空调在使用时会消耗发动机功率，因此在装备排气量较小的发动机的车型上，如不开冷气时，调整至正常急速，一旦将冷气开启则会因功率消耗而使急速降低，出现发动机急速不稳定的现象，甚至使发动机熄火。因此设计一种装置在开冷气时使发动机急速自动升高，保证发动机能维持正常的急速。

五、制冷系统的维护

1. 汽车空调常用故障诊断方法

汽车空调常用的故障诊断方法是看、听、摸、测。

(1) 看

1) 首先查看仪表板上的压力、冷却液温度、油压及各性能指示灯是否显示正常。

2) 观察冷凝器、蒸发器及管路连接处是否有油污，如有则说明有制冷剂和冷冻油泄漏。

3) 系统部件和管路接头处是否有结霜、结冰现象。

4) 从储液干燥器视液窗观察制冷剂量。如果检视到连续不断的气泡出现，说明制冷剂严重不足；如果每隔 1~2s 就会有气泡出现，表示制冷剂不足；如果视液窗几乎透明，发动机转速变化时可能会出现气泡，说明制冷剂适量。

(2) 听

耳听压缩机、送风机、排风机是否有异常声音。作为维修人员，还应当仔细了解、听取驾驶人对故障现象的描述。

(3) 摸

开启制冷系统 15~20min 后，用手触摸系统部件，感受其温度。

1) 压缩机进、排气管，应有明显温差。前者发凉，后者发烫。

2) 冷凝器进、出口管应有温差，出口管温度应低于进口处温度。

3) 储液干燥器进、出口温度的比较：进口温度与出口温度相等时，表示冷气系统正常；进口温度低于出口温度时，表示制冷剂不足；进口温度高于出口温度时，表示制冷剂过多。

4) 膨胀阀进、出口温差明显。膨胀阀出口到压缩机之间的软管应该凉而不结霜，正常情况下应为结霜后即化，用肉眼看到的只是化霜后结成的水珠。

注意：在用手触摸高压区部位时要防止烫伤。如果压缩机高、低压侧之间没有明显温差，则说明制冷系统不工作或制冷剂泄漏。

(4) 测

1) 检漏仪。用检漏仪检查各接头是否有泄漏。

2) 歧管压力表。用歧管压力表检查制冷系统的压力。运转压缩机，发动机转速 2000r/min，观察歧管压力表。在一定的大气湿度内，轿车制冷系统工作时正常状况的高、低压范围是：高压端压力应为 1.421~1.470MPa；低压端压力应为 0.147~0.196MPa，若不在此范围内，则说明系统有故障。

3) 万用表。用万用表检查空调电路故障。

4) 温度计。测空调系统相关点的温度。

① 蒸发器：不结霜的前提下，蒸发器表面温度越低越好。

② 冷凝器：正常工作时，冷凝器入口温度为 70~90℃，冷凝器出口温度为 50~65℃。

③ 储液干燥器：正常情况下应为 50℃。如果上下温度不一致，说明储液干燥器堵塞。

2. 汽车空调系统的使用维护基本操作

(1) 制冷剂排放

由于修理或其他原因常需将制冷系统内的制冷剂排放掉。排放有两种方法：一是利用歧管压力表将制冷剂排放到大气中，但这要污染环境；二是利用回收装置回收制冷剂，但要有专用回收装置。排放时，周围环境一定要通风良好，不能接近明火，否则会产生有毒的气体。

现在介绍一下利用歧管压力表排放制冷剂的具体操作步骤。

1) 关闭歧管压力表上的手动高、低压阀，并将其高、低压软管分别接在压缩机高、低压检修阀上，将中间软管的自由端放在工作擦布上。

2) 慢慢打开手动高压阀，让制冷剂从中间软管排出，阀门不能开得太大，否则压缩机内的冷冻油会随制冷剂流出。

3) 当压力表读数降到 0.35MPa 以下时，再慢慢打开手动低压阀，使制冷剂从高低压两侧同时排出。

4）观察压力表读数，随着压力下降，逐渐开大手动高、低压阀，直至高低压表的读数指到零为止。

（2）制冷系统抽真空

抽真空的目的是为了排除制冷系统内的空气和水汽，是空调维修中一项重要的工序。因为在维修空调系统、更换制冷零件时，必然要有空气和水汽进入制冷系统，而空气和水汽又会严重影响制冷系统的工作，必须抽真空后再加制冷剂。

制冷系统抽真空可按图 8-22 所示接好仪器。具体方法如下：

1）把歧管压力表的高、低压软管分别与制冷管路上的高、低压检测接口相连，中间软管与真空泵相连。

2）打开歧管压力表的手动高、低压阀，起动真空泵，观察低压表，把系统抽真空至 0.1MPa。

3）关闭歧管压力表的手动高、低压阀，观察歧管压力表，看真空度是否下降，如果真空度下降，说明系统泄漏，应该查找漏点、维修。如果系统不漏，应该再打开手动高、低压阀，继续抽真空 15~20min。

4）关闭歧管压力表的手动高、低压阀。

5）关闭真空泵。先关手动高、低压阀，后关真空泵可以防止空气和水汽进入系统。

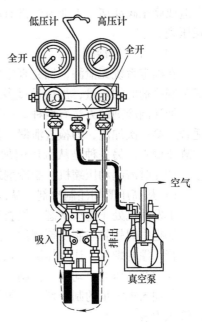

图 8-22 制冷系统抽真空

（3）检查制冷系统泄漏

汽车空调的工作条件恶劣，经受较强的振动，容易造成零件、管路的损坏和接头的松动，从而使制冷剂泄漏。

常用的检漏方法有以下几种。

1）外观检漏。泄漏部位往往会泄漏冷冻油，如果发现某处有油污，可用干净白抹布擦净，如果仍然有油污渗出，说明此处泄漏。

2）用电子检漏仪检漏。将挠性测量头连接到电子检漏仪主机上，如图 8-23 所示，按下电子检漏仪电源开关。

这时电子检漏仪会发出均匀的"嘀、嘀"声。用挠性测量头对准各检漏部位，并在被检测处停留 7s 以上。若被检测部位有泄漏，则电子检漏仪发出"嘀、嘀"的频率会加快。采用电子检漏仪进行检漏时，被检测空调系统周围的空气中不能含有其他系统释放出的制冷剂的残余气体，否则难以进行。

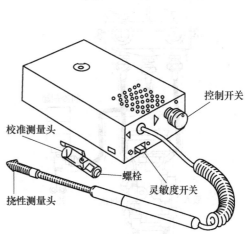

图 8-23 检漏仪

3）真空检查泄漏。用真空泵把系统抽至真空度 0.1MPa，24h 后真空度没有明显减小就可以认为没有泄漏。

4）压力检漏。向制冷系统充入氮气，然后用肥皂水检漏。如果有泄漏，泄漏处会出现肥皂泡。

采用压力检漏时不能使用压缩空气，因为压缩空气里面有水分，水分滞留在制冷管路里会造成膨胀阀冰堵。工业氮气没有腐蚀性、没有水分，价格便宜，但瓶装高压氮气一定要用减压表。

(4) 加注制冷剂

在确定系统无泄漏，抽完真空之后，就可以加注制冷剂。加注制冷剂之前，首先应该弄清楚制冷剂的加入量，加注量过多或过少都会影响空调制冷效果。

加注制冷剂的方法有两种。一种是从高压侧加注，加注的是液态制冷剂，加注速度快，适合于第一次加注，即检查泄漏、抽完真空后的加注。加注时要注意不要起动压缩机，制冷剂罐要倒立。另一种是从低压侧加注，加注的是气态制冷剂，加注速度慢，适合于补充加注。加注时需起动压缩机，制冷剂罐要正立。

1) 从高压侧加注制冷剂。从高压侧加注制冷剂的方法如图 8-24 所示。

①发动机处于熄火状态，检查泄漏、抽完真空后，关闭手动高、低压阀。

②把中间软管与制冷剂罐注入阀的接头接好，打开制冷剂罐注入阀，拧开歧管压力表中间软管一端的螺母，让气体溢出几秒钟，把空气赶走，然后再拧紧螺母。

③拧开高压侧手动阀，把制冷剂罐倒立，液态制冷剂从高压侧进入制冷回路。

④加入规定量的制冷剂后，关闭制冷剂罐注入阀，关闭歧管压力表的手动高压阀，取下歧管压力表。

注意：加注时不能起动发动机，更不能打开手动低压阀，防止产生压缩机液击现象。

2) 从低压侧加注。从低压侧加注制冷剂的方法如图 8-25 所示。

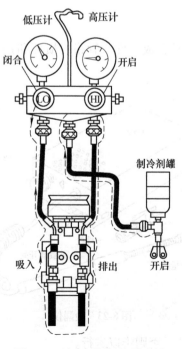

图 8-24 从高压侧加注制冷剂

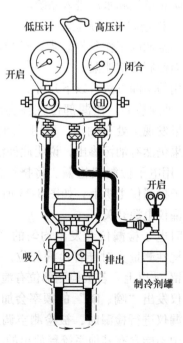

图 8-25 从低压侧加注制冷剂

①检查泄漏、抽完真空后,关闭手动高、低压阀。

②把中间软管与制冷剂罐注入阀的接头接好,打开制冷剂罐注入阀,拧开歧管压力表中间软管一端的螺母,让气体逸出几秒钟,把空气预出,然后再拧紧螺母。

③拧开低压侧手动阀,正立制冷剂罐,让气态制冷剂进入制冷系统,当系统压力达到 0.4MPa 时,关闭手动低压阀。

④起动发动机,打开空调,暖风开关、调温开关打到最大档。

⑤打开手动低压阀,让气态制冷剂继续流入制冷回路,一直加到规定量。

⑥观察储液干燥器的视液窗,确认没有气泡,然后把发动机转速提高到 2000r/min,检查歧管压力表的高、低压表是否达到正常值。

⑦关闭制冷剂罐注入阀,关闭歧管压力表的手动高压阀,关闭发动机,取下歧管压力表。

(5) 加注冷冻油

选择适量和与制冷系统相匹配的冷冻油加注。

(6) 检验

起动发动机使其转速为 1500r/min,并将控制旋钮置于最大位置,且使鼓风机为最高转速,然后打开汽车全部风窗和车门进行检查:

1) 高压表读数应在 1373~1575kPa 之间,低压表读数应在 230~320kPa 之间。

2) 在出风口插入一只温度计,在空调的进风口放置一只干湿球湿度计。

工作任务二　自动空调的维护

一、自动空调控制系统的组成与部件

1. 自动空调控制系统的组成

自动控制空调器是在传统的手动控制空调器的基础上加装了一系列检测车内、车外和导风管空气温度变化以及太阳辐射的传感器,改良执行器的结构和控制,设计了智能型的空调控制器,根据各传感器所检测的各温度系数经内部电路处理后,单独或集中对执行器的动作进行控制。同时自动空调还具有完善的自我检测诊断功能,以便对电控元件及线路故障进行检测。如图 8-26 所示,自动空调控制电路由传感器、空调 ECU 和执行器元件三部分组成。

2. 自动空调控制系统及部件的功能

(1) 传感器

1) 车内、外温度传感器。车内温度传感器一般装在仪表板下;车外温度传感器一般装在前保险杠右下端。它们是负温度系数的热敏电阻,其作用是检测车内、外温度变化,并将检测信号输入空调 ECU。

2) 日光传感器。采用光敏二极管,装在前风窗玻璃下,该传感器利用光电效应原理把日光照射量转换为电信号输入空调 ECU。

3) 蒸发器温度传感器。该传感器安装在蒸发器表面,用以检测表面的温度变化,以控制车内温度。ECU 对温度传感器检测到的信号与温度调节电位器的信号内加以比较,确定对电磁离合器供电或断电。

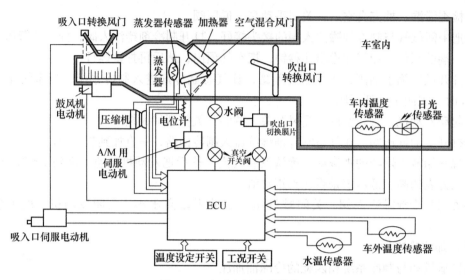

图 8-26 自动空调控制结构

4）冷却液温度传感器。它安装在发动机冷却循环的水路上，检测冷却液温度。产生的冷却液温度信号输送给空调ECU，用于低温时的冷却风扇转速控制。有些自动空调器没有冷却液温度传感器。

5）压缩机锁止传感器。它是一种磁电式传感器，安装在空调装置的压缩机内，检测压缩机转速。压缩机每转一圈，该传感器线圈产生4个脉冲信号输送给空调ECU。

（2）执行器元件

执行器元件包括风门伺服电动机、暖风电动机及压缩机电磁离合器等。

1）进风伺服电动机。该电动机控制空调的进风方式，电动机的转子经连杆与进风风门相连。该伺服电动机内装有一个电位计，向空调ECU反馈进风伺服电动机的位置情况。

当驾驶人使用进风方式控制键选择"车外新鲜空气导入"或"车内空气循环"模式时，空调ECU即控制进风伺服电动机带动连杆顺时针或逆时针旋转，从而带动进风风门闭合或开启，达到改变进风方式的目的。

当按下"AUTO"键时，空调ECU首先计算出所需要的送风温度，并根据计算结果自动改变进风伺服电动机的转动方向，从而实现进风方式的自动调节。

2）空气混合伺服电动机。当进行温度调节时，空调ECU控制空气混合伺服电动机连杆顺时针或逆时针转动，改变空气混合风门的开启角度，从而改变冷、暖空气的混合比例，调节送风温度。电动机内电位计的作用是向空调ECU输送空气混合风门的位置信号。

3）送风方式控制伺服电动机。该电动机用于控制送风方式。按下控制面板上某送风方式，空调ECU即使电动机上的相应端子搭铁，电动机带动连杆转动将送风控制挡风板转到相应位置，打开某个送风通道。按下自动控制键，空调ECU根据计算（送风温度），在吹脸、吹脸脚和吹脚三者之间自动改变送风方式。

4）最冷控制伺服电动机。该电动机操纵的最冷控制风门有全开、半开和全闭三个位置。当空调ECU使某个位置的端子搭铁时，电动机驱动电路使电动机旋转，带动最冷控制风门处于相应位置。

5）暖风电动机。暖风电动机的转速可以通过操作空调控制面板上的"高速""中速"和"低速"按键设定。

当按下"AUTO"键时，空调ECU根据送风温度自动调整暖风电动机转速，若冷却液温度传感器检测到冷却液温度低于40℃时，ECU控制暖风电动机停止转动。

6）电磁离合器。电磁离合器接收空调ECU的指令，控制压缩机的停止或工作。

(3) 空调ECU

空调ECU与操作面板成一体，它对输入的各种传感器信号和功能选择键的输入指令进行计算、分析比较后，发出指令控制各个执行元件动作，使车内温度、空气流动状况等始终保持在驾驶人设定的水平上，极大地简化了操作。该系统主要用在高级汽车空调上。

空调ECU控制的汽车空调系统具有以下几种功能：

1）空调控制：包括温度自动控制、风量控制、运转方式给定的自动控制、换气量控制等，以满足车内空调对舒适性的要求。

2）节能控制：包括压缩机运转控制、换气量的最适量控制以及随温度变化的换气切换、自动转入经济运行、根据车内外温度自动切断压缩机电源等。

3）故障、安全报警：包括制冷剂不足报警、制冷压力高出或低出报警、离合器打滑报警、各种控制器件的故障判断报警等。

4）故障诊断存储：汽车空调系统发生故障，ECU将故障部位用代码的形式存储起来，在需要修理时指示故障的部位。

5）显示：包括显示给定的温度、控制温度、控制方式、运转方式的状态等。

3. 自动空调控制系统工作过程与原理

自动空调一般根据车内外环境完成以下控制：

1）通过调节空气混合风门的角度来控制空气输出口温度。

2）通过调节鼓风机电动机的速度控制空气流动。

3）通过选择冷或热气口、内部或外部气口控制空气进出；通过控制电磁离合器的开关，实现对压缩机的控制。自动空调控制原理结构如图8-27所示。

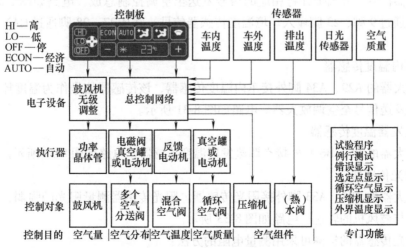

图8-27　自动空调控制原理结构

加速自动控制装置的作用是在汽车加速或超车时，切断电磁离合器线圈电路，使压缩机停转，以利于汽车加速。

怠速自动调整装置的作用是当发动机怠速运转又需要制冷系统工作时，自动加大节气门开度以增大发动机输出功率，如图8-28所示。

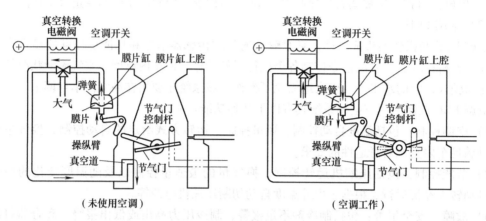

图8-28　怠速自动调整装置工作过程

二、自动空调控制系统控制电路的原理

下面以丰田卡罗拉为例，讲解自动空调控制原理。

卡罗拉自动空调电路如图8-29所示。空调放大器通过温度传感器检测车内、车外的温度并与乘员选择的温度相比较后，向执行机构发出电信号，控制各种电动机及电磁阀动作。

1. 输入信号电路

（1）环境温度传感器

该传感器检测车外温度并将相应的信号发送至空调控制总成，电路如图8-30所示。组合仪表E46通过9脚、23脚输入环境温度传感器信号，并从27、28脚通过CAN总线送至空调控制。

（2）车内温度传感器

空调放大器的A29、A34脚外接车内温度传感器，该传感器信号作为温度控制依据的车厢温度，并发送信号至空调放大器。电路如图8-31所示。

（3）蒸发器温度传感器

空调放大器的B5、B6脚外接空调蒸发器温度传感器，电路如图8-32所示。

（4）阳光传感器

空调放大器的A31、A33脚外接阳光传感器。阳光传感器测量阳光的强弱，来修正混合风门的位置与鼓风机的转速。电路如图8-33所示。

对于阳光传感器的检测可采用测量电阻的方法：

用布遮住阳光传感器，电阻为∞；在灯光或阳光下测量，电阻不为∞。

学习情境八 空调制冷效果不好

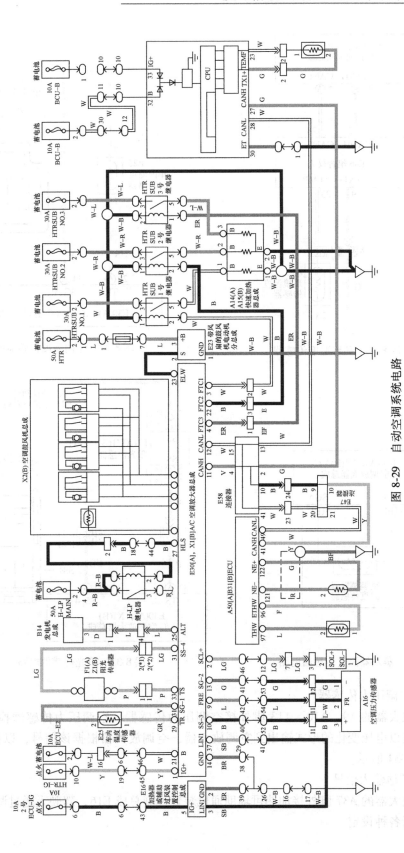

图 8-29 自动空调系统电路

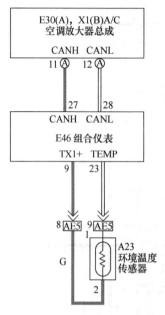

图 8-30 环境温度传感器

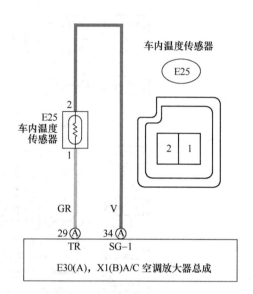

图 8-31 车内温度传感器电路

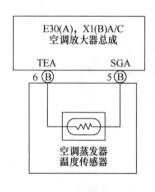

图 8-32 蒸发器温度传感器电路

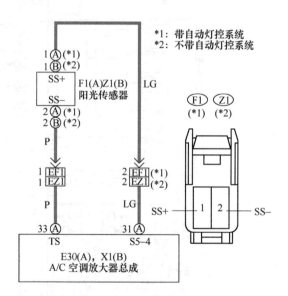

图 8-33 阳光传感器电路

（5）空调压力传感器

空调放大器的 A9、A10、A13 脚外接空调压力传感器，空调压力传感器检测制冷剂压力，并将其以电压变化的形式输出到空调放大器，空调放大器根据该信号，以控制压缩机。电路如图 8-34 所示。

（6）其他输入信号

空调放大器的 A37 脚外接加热可辅助通风装置控制总成 E16，驾驶人通过调节面板上的按钮来进行各种设定。

空调放大器的 A25 脚外接发电机 E14 的 3 脚，发动机起动时，发电机转动并产生脉冲电压信号，该信号由空调放大器使用。

空调放大器的 A27 脚接收前照灯照明信号（电路如图 8-35 所示），并使用此信号来判断电气负载情况。电气负载信号是加热器线路控制的一个因素。

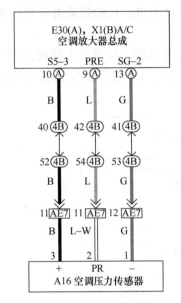

图 8-34　空调压力传感器电路

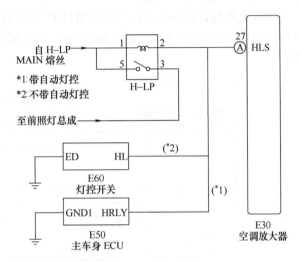

图 8-35　前照灯信号电路

2. 执行器电路

（1）空调鼓风机电路

空调鼓风机电路如图 8-36 所示。蓄电池→50A 加热器熔丝→鼓风机电动机的 3 脚；鼓风机电动机的 2 脚为控制脚，接空调放大器的 A23 脚，当空调放大器输出控制信号时，鼓风机电动机运转。

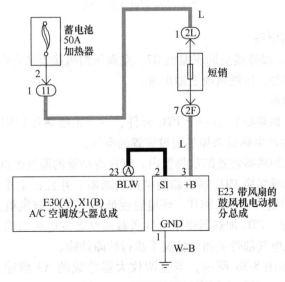

图 8-36　空调鼓风机电路

(2) 空调鼓风机总成

电路如图 8-37 所示。空调放大器从 B2、B3、B4 脚输出控制信号，分别控制空调鼓风机总成内部的进气伺服电动机，实现内外循环风的控制；控制空调鼓风机总成内部的气流模式电动机，带动风向调节操纵机构中的拨盘、拨杆，不同的拨杆控制不同风门的开、闭，从而实现空气控制；控制空调鼓风机总成内部的空气混合伺服电动机，从而带动混合风门移动，实现不同比例的空气混合。

空调放大器与各伺服电动机之间是通过 BUS IC 线束进行通信的，空调放大器通过空调线束向各伺服电动机供电和发送工作指令；各伺服电动机将风门位置信息发送到空调放大器。

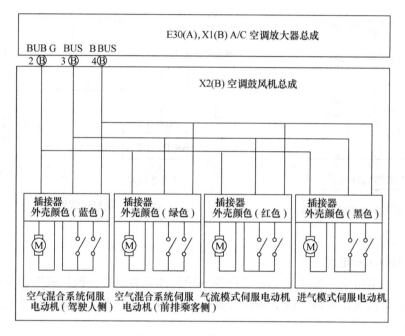

图 8-37 空调鼓风机总成

(3) 压缩机电磁阀电路

空调机放大器的 A2 脚外接空调压缩机 B7。空调压缩机接收来自空调放大器的制冷剂压缩请求信号，基于该信号，压缩机改变输出量。

(4) PTC 加热器电路

快速加热器（PTC 加热器）由一个 PTC 元件、一个铝散热片和铜片组成。当电流施加在 PTC 元件上时，它会产生热量来加热通过装置的空气。

PTC 加热器安装在加热器装置的散热器内，它在冷却液的温度很低且正常加热器效率不足时工作。空调控制总成切换 PTC 继电器内电路的通断，并且在工作条件满足（冷却液的温度低于65℃、设置温度为 MAX. HOT、环境温度低于10℃且鼓风机开关没有置于 OFF 位置）时操作 PTC 加热器。PTC 加热器根据电气负载或交流发电机的输出量控制 PTC 加热器线路。因此，应在其他电气部件关闭的情况下执行故障排除。

PTC 加热器电路如图 8-38 所示。当空调放大器总成的 A3 脚输出控制信号时，HTR SUB1 号继电器线圈得电，其触点闭合。

蓄电池电压→30AHTR SUB1 号熔丝→HTR SUB1 号继电器触点→快速加热器总成 A14 的 A1 脚→快速加热器总成 A14 的 B1 脚→A6 搭铁，此时，A14 部分电路加热。

同理，当空调放大器总成的 A22 脚输出控制信号时，快速加热器总成 A14 的 A2 脚得电；当空调放大器总成的 A4 脚输出控制信号时，快速加热器总成 A14 的 A3 脚得电。

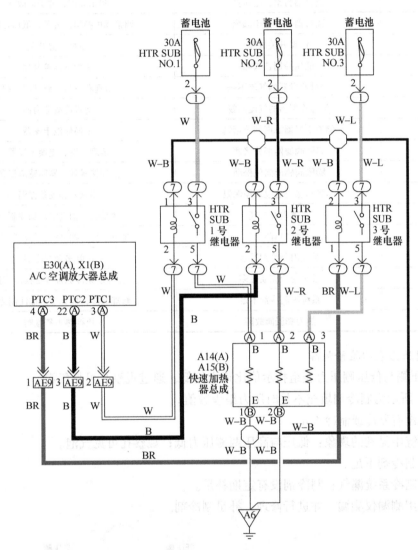

图 8-38　PTC 加热器电路

三、汽车空调系统的故障诊断

下面以汽车空调冷气不足的典型故障为例说明空调系统的检修。

1. 故障诊断表

对于冷气不足故障，首先应检查制冷量，如果制冷量不正常，按表 8-1 所示序号顺序查找故障原因，从而排除故障。

表8-1 冷气不足故障诊断表

序号	故障原因	排除方法
1	风机电动机转得慢	紧固接头或更换电动机
2	离合器打滑：磨损过量	更换磨损严重的离合器零件
3	离合器打滑：电压低	找出原因，并予以改正
4	离合器循环过于频繁	调整或更换恒温开关、低压控制器
5	恒温开关故障	更换恒温开关
6	低压控制器故障	更换低压控制器
7	经过蒸发器的气流不畅	清理蒸发器，修理混气门
8	经过冷凝器的气流不畅	清理冷凝器表面
9	储液干燥器滤网部分堵塞	更换储液干燥器
10	膨胀阀滤网部分堵塞	清理滤网，更换干燥器
11	膨胀阀感应温包松动	清理接触处，紧固感应温包
12	膨胀阀感应温包未经保温	用软木和胶条保温
13	系统内有湿气	排放系统，抽真空，加注制冷剂
14	系统内有空气	排放系统，抽真空，加注制冷剂
15	系统内制冷剂过多	排除多余制冷剂
16	系统内冷冻油过多	排除多余冷冻油或更换冷冻油
17	系统内制冷剂不足	修理泄漏，抽真空，加注制冷剂
18	热力膨胀阀故障	更换热力膨胀阀

2. 使用压力表组检修故障

1）高压侧与低压侧压力表组指示值比正常值低，通过观察孔可见气泡。

图8-39所示为制冷剂填充不足时压力组表数值。

症状：没有制冷或制冷不足。

制冷系统中见到的现象：低压与高压两侧压力低；观察孔可见气泡。

诊断：制冷剂不足。

原因：制冷系统漏气；制冷剂没有定期补足。

措施：用测漏仪测漏，并进行修理；补足制冷剂。

低压侧 78.4kPa　　高压侧 784～882kPa

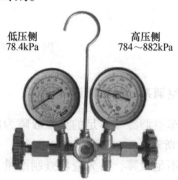

图8-39 制冷剂填充不足时压力组表数值指示

2）低压侧压力表组指示负压，高压侧指示比正常值低。

图8-40所示为制冷剂不循环时压力表组的指示。

症状：不制冷。

制冷系统中见到的现象：低压侧呈负压，高压侧呈低压或高压；储液干燥器前后管路存在温差，储液干燥器后管路出现冻结；膨胀阀出口管不冷。

诊断：制冷剂不循环。

原因：灰尘或污物阻塞膨胀阀或低压管路；灰尘或污物阻塞储液干燥器或高压管路；由于膨胀阀感温包漏气，针阀完全关闭。

措施：清除灰尘或污物，清除不掉时，更换有关部件和储液干燥器；如感温包漏气，更换膨胀阀。

3）在低压与高压两侧，压力表组均指示比标准值高，冷凝器排出侧不热。

图8-41所示为制冷剂填充过量时压力表组指示。

症状：空调器制冷效果差。

制冷系统中见到的现象：低压侧与高压侧都指示比正常值高；通常高压侧压力高时冷凝器温度也高，但冷凝器排出侧不热；即使在用水浇冷凝器时，通过观察孔也看不到气泡。

诊断：制冷剂过量。

原因：制冷剂充填过量。

措施：排出多余制冷剂，使留下的制冷剂达到标准量。

4）在低压与高压两侧，压力表组均指示比正常值高，但在压缩机停止工作以后，高压侧压力急骤降至196kPa。

图8-42所示为系统中混入空气时的压力表组指示。

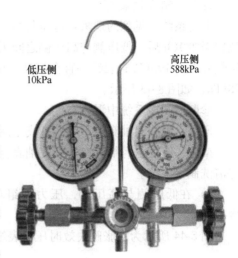

图8-40 制冷剂不循环时压力表组的指示

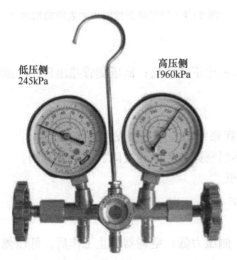

图8-41 制冷剂填充过量时压力表组指示

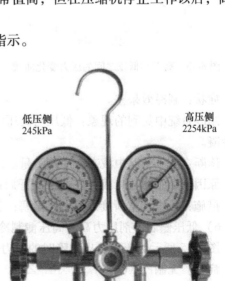

图8-42 循环中混入空气时的压力表组指示

注意：压力表组的指示值是在系统维修后，未抽好真空就填充制冷剂的情况下测量的。

症状：制冷效果差。

制冷系统中见到的现象：低压与高压两侧都指示比标准值压力高；在空调器停止工作并放置至少10h后，低压侧与高压侧之间平衡的压力呈高值；停止压缩机工作后，高压侧压力很快降至约196kPa，表针一直在振动；压缩机运行的同时由于高压损失，此时压力降至约98kPa，如图8-43所示。

诊断：制冷系统中混入空气。

原因：填充时抽真空不够；抽真空后充气过程中有空气进入制冷系统。

措施：继续进行抽真空；如在抽真空中仍然出现上述症状，更换储液干燥器及冷冻油，并清洗制冷系统。

5）在低压侧与高压侧，压力表组均指示比正常值高，低压侧管路形成霜冻或深度冷凝。

图8-44所示为膨胀阀失效时压力表组的指示。

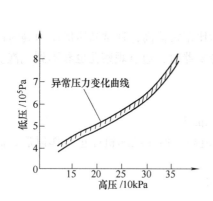

图8-43 高压与低压之间的压力变化曲线

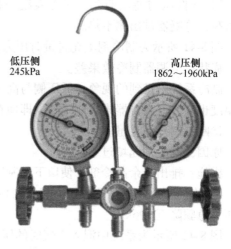

图8-44 膨胀阀失效时压力表组的指示

症状：制冷效果差。

制冷系统中见到的现象：低压与高压两侧均指示比正常值高；低压侧管路出现霜冻或深度冷凝。

诊断：低压管路中液态制冷剂过量。

原因：膨胀阀故障或失效（针阀开启过宽）；膨胀阀感温塞与蒸发器连接断开。

措施：检查和重新接好压力感温塞；若压力感温塞连接无断开故障，更换膨胀阀。

6）低压侧制冷剂压力高，高压侧制冷剂压力低。

图8-45所示为压缩机出故障时的压力表组指示。

症状：无制冷。

制冷循环中见到的现象：低压侧压力高，高压侧压力低；空调器停止工作后，低压侧与高压侧的压力立即趋于平衡。

诊断：压缩机不能进行有效压缩。

原因：不能有效压缩的原因在于压缩机活塞或活塞环损坏或阀门损坏。
措施：更换压缩机。
注意：更换压缩机时，测量旧压缩机中的冷冻油量，将新压缩机中的冷冻油取出，将与旧压缩机中冷冻油量相等的冷冻油放回新压缩机中，然后安装新压缩机。

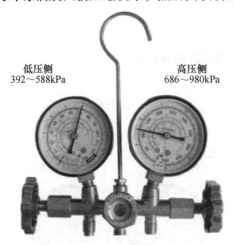

图 8-45　压缩机出故障时的压力表组指示

7）在低压与高压两侧，压力表组指示值波动。

图 8-46 所示为制冷系统中有湿气时压力表组的指示。

症状：空调器有时制冷，有时不制冷。

制冷系统中见到的现象：低压侧有时呈负压指示，低压及高压两侧压力周期波动。

诊断：储液干燥器超饱和。

原因：由于干燥器超饱和，制冷剂中的湿气不能去除，使膨胀阀中的针阀冻结，从而引起堵塞，当制冷剂不再循环时，冰被周围热量解冻及再冻结成冰，这一过程反复循环。

措施：更换储液干燥器及压缩机。

通过抽真空去除系统中的湿气。

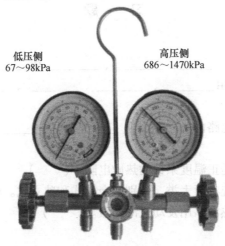

图 8-46　制冷系统中有湿气时压力表组的指示

8）在低压与高压两侧，压力表组指示值均低。

图 8-47 所示为制冷系统不良时压力表组的指示。

症状：冷气不足。

制冷系统中见到的现象：低压与高压两侧压力均低，从储液干燥器至制冷组件的管路有霜。

诊断：储液干燥器堵塞。

原因：储液干燥器中脏物阻碍制冷剂流动。

措施：更换储液干燥器。

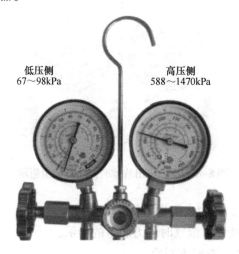

图 8-47 制冷系统不良指示

小　　结

本学习情境主要是让学生掌握汽车空调的工作原理，会操作汽车空调，会使用检测工具及仪器检测基本的元器件，能进行汽车空调系统部件的拆卸与安装，能通过电路分析、诊断仪器诊断汽车空调的电路故障。

习　　题

一、填空题

1. 汽车空调系统包括_____、_____、_____和_____。

2. 汽车制冷系统主要由_____、_____、_____、_____、_____和连接管路组成。

3. 汽车自动空调控制电路由_____、_____和_____三部分组成。

二、判断题

1. 车内外温度传感器是正温度系数的热敏电阻。（　　）

2. 汽车空调的取暖系统有两大类，分别是余热式和独立式。（　　）

3. 汽车空调中暖气的热源多用发动机冷却液。（　　）

三、问答题

1. 简述汽车空调的功能。

2. 空调 ECU 控制的汽车空调系统具有哪些功能?
3. 卡罗拉自动空调传感器包括哪些部件?
4. 卡罗拉自动空调执行器包括哪些部件?

考 核 工 单

汽车空调制冷系统维护考核工单

序号	考核项目	配分	评分标准(每项累计扣分不超过配分)
1	安全文明否决		造成人身、设备重大事故,或恶意顶撞考官、严重扰乱考场秩序,立即终止考试,此题计 0 分
2	工量具的选择及正确使用	15 分	(1) 不能正确选择工量具,每次扣 3 分 (2) 不能正确使用工量具,每次扣 5 分
3	制冷剂的回收	10 分	(1) 回收操作方法不正确,扣 5~10 分 (2) 不利用回收机回收,扣 10 分
	系统抽真空	10 分	操作步骤及方法不正确,扣 5~10 分
	加注冷冻油	15 分	(1) 操作步骤及方法不正确,扣 5~15 分 (2) 加注量不符合标准,扣 5 分
	加注制冷剂(利用压力表组加注)	30 分	(1) 加注前不排空,扣 5 分 (2) 操作方法不正确,扣 5~30 分 (3) 加注量不符合标准,扣 10 分 (4) 不能判断制冷剂压力是否正常,扣 10 分
4	安全文明生产	20 分	(1) 不穿工作服扣 1 分,不穿工作鞋扣 1 分,不戴工作帽扣 1 分 (2) 不安装车漆表面防护布(罩)扣 1 分,不安装车内座椅防护套、转向盘套、变速杆套、地板衬垫每项扣 0.5 分 (3) 工量具与零件混放,或摆放凌乱,每次每处扣 1 分 (4) 发动车辆不接尾气排放管,每次扣 1 分 (5) 不放置三角木,扣 1 分 (6) 工量具或零件随意摆放在地上,每次扣 1 分 (7) 垃圾未分类回收,每次扣 1 分 (8) 竣工后未清理工量具,每件扣 1 分 (9) 竣工后未清理操作过程中手接触过的车漆表面,每处扣 1 分 (10) 竣工后未清理考核场地,扣 2 分 (11) 不服从考官、出言不逊,每次扣 3 分
5	合计	100 分	

参 考 文 献

[1] 赵宇. 汽车安全与舒适系统检修 [M]. 北京：人民邮电出版社，2013.
[2] 孙连伟，曲昌辉，毛峰. 汽车安全与舒适系统检测与修复 [M]. 北京：机械工业出版社，2016.
[3] 赵宇，郑春光. 汽车安全与舒适系统检修 [M]. 北京：人民邮电出版社，2017.
[4] 姚晶晶，赵艳杰. 汽车安全与舒适系统检修 [M]. 重庆：重庆大学出版社，2016.
[5] 郑志中. 汽车车身电控检修 [M]. 北京：中国劳动社会保障出版社，2007.
[6] 杨志，白永平. 汽车安全与舒适系统故障诊断与维修 [M]. 上海：同济大学出版社，2014.
[7] 毛峰，毛洪艳. 汽车安全与舒适系统检测与修复 [M]. 北京：机械工业出版社，2011.
[8] 布仁杨，丽娟. 汽车电气设备构造与检修 [M]. 长春：吉林大学出版社，2017.
[9] 张军. 汽车舒适安全与信息系统检修 [M]. 北京：北京理工大学出版社，2015.
[10] 李英，郭进国. 汽车舒适与安全系统的诊断与修复（理实一体化教程）[M]. 2版. 上海：上海交通大学出版社，2016.
[11] 张军. 汽车舒适与安全系统检修 [M]. 2版. 北京：人民邮电出版社，2015.
[12] 孙桂芝. 汽车安全与舒适系统检修 [M]. 北京：人民邮电出版社，2013.
[13] 杨志红，廖兵. 汽车电器 [M]. 北京：机械工业出版社，2015.
[14] 张胜宾，李国杰. 汽车安全与舒适系统检测诊断与修复 [M]. 北京：北京师范大学出版社，2014.
[15] 冯睿. 汽车舒适与安全系统检修 [M]. 北京：机械工业出版社，2015.
[16] 李海斌，黄鹏. 汽车电路与电气系统的检测与维修 [M]. 武汉：华中科技大学出版社，2017.
[17] 楚晓靖，黄鹏. 汽车电气系统检修 [M]. 成都：电子科技大学出版社，2017.